INV. RÉSERVE
Yf 10172

4172

Le FESTIN de PIERRE.

LE FESTIN DE PIERRE,
COMEDIE.

Par J. B. P. DE MOLIERE.

Edition nouvelle & toute differente de celle qui a paru jusqu'à present.

A AMSTERDAM.
M. DC. LXXXIII.

L'IMPRIMEUR
AU
LECTEUR.

DE toutes les pieces qui ont esté publiées sous le nom de M. Moliere, aucune ne lui a esté contestée, que le Festin de Pierre. Car bien que l'invention en parût assez de sa façon, on la trouva neantmoins si mal executée, que plutost que de la lui attribuer, on aima mieux la faire passer pour une mechante copie de quelqu'un qui l'avoit veu representer, & qui, en ajoutant des lambeaux à sa faintaisie à ce qu'il en avoit retenu, en avoit formé une piece à sa mode.

Comme on demeuroit d'accord que Moliere avoit fait une piece de Theatre qui portoit ce titre, j'ai fait ce que j'ai pû pour en avoir une bonne copie. Enfin un Amy m'a procuré celle que je donne ici, & bien que je n'ose pas asseurer positivement qu'elle soit composée par Moliere, au moins paroit elle mieux de sa façon, que l'autre que nous avons vû courir sous son nom jusques à present. J'en laisse le jugement au Lecteur: & me contente de lui donner la piece telle que je l'ai pû avoir.

A C.

ACTEURS.

D. JUAN.
D. LOUIS, Pere de D. Juan.
ELVIRE, Maitresse de D. Juan.
D. ALONSE } Freres de D. Elvire.
D. CARLOS }
GUSMAN, Valet de D. Elvire.
SGANARELLE, Valet de D. Juan.
LA VIOLETTE, } Laquais de D. Juan.
RAGOTIN, }
Mr. DIMANCHE.
LA RAMEE, Breteur.
PIERROT, Paisan, Amant de Charlotte.
CHARLOTTE, Paisane.
MATHURINE, Paisane.
La Statue du Commandeur.
Un Spectre.
Trois suivans de D. Alonse.
Un Povre.

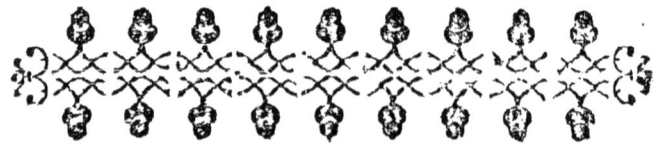

LE FESTIN
DE
PIERRE
COMEDIE.

ACTE I.
SCENE PREMIERE
SGANARELLE, GUSMAN.

SGANARELLE.

Quoyque puisse dire Aristote & toute la Philosophie, il n'est rien d'egal au Tabac, c'est la passion des honnestes gens, & qui vit sans tabac n'est pas digne de vivre; non seulement il réjouït & purge les cerveaux humains, mais encore il instruit les ames à la vertu, & les apprend avec luy à demeurer honneste homme; Ne voyez vous pas bien, dés qu'on en prend, de quelle maniere obligeante on en use avec tout le monde, & comme on est ravi d'en donner à droit & à gauche, par tout où l'on se trouve? On n'attend pas même qu'on en demande, & l'on court audevant du souhait des gens, tant il est vray que le tabac inspire des sentimens d'honneur & de vertu à tous ceux qui en prennent: Mais c'est assez

assez de cette matière ; reprenons nostre discours. Si bien donc, cher Gusman que D. Elvire, ta Maitresse, surprise de nostre depart, s'est mise en campagne aprez ; & son cœur, que mon Maitre a sceu toucher trop fortement, n'a pû depuis vivre sans le venir chercher ici ; Veux tu qu'entre nous, je te dise ma pensée, j'ay peur qu'elle soit mal payée de son amour, que son voyage en cette ville produise peu de fruit, & que vous eussiez autant gagné à ne bouger de là.

GUSMAN.

Et la raison encore, dy moy je te prie Sganarelle, qui peut t'inspirer de si mauvais augure ? ton Maitre t'a-t-il decouvert son cœur là-dessus, & t'a t-il dit qu'il eust pour nous quelque froideur qui l'ait obligé à partir ?

SGANA.

Non pas, mais à veuë de pays je connois à peu prés le train des choses, & sans qu'il m'ait encore rien dit, je gagereois presque que l'affaire va là. Je pourrois peut-estre me tromper, mais enfin sur de tels sujets l'experience m'a donné quelque lumiere.

GUSMAN.

Quoy ! ce depart si peu preveu seroit une infidelité de D. Juan ! il pourroit faire cette injure aux chastes feux de D. Elvire !

SGANA.

Non, c'est qu'il est trop jeur encore qu'il n'a pas le courage.

GUSMAN.

Un homme de sa qualité feroit une action si lâche.

SGANA.

Eh ! ouy, sa qualité, la raison en est belle, & c'est par là qu'il s'empescheroit des choses.

GUSMAN.

Mais les saincts nœuds du mariage le tiennent engagé.

SGANA.

Eh ! mon pauvre Gusman, mon amy, tu ne sçais pas encore, croy moy, quel homme c'est D. Juan.

COMÉDIE.

GUSMAN.

Je ne sçay pas de vray quel homme il peut estre, s'il faut qu'il nous ait fait cette perfidie, & je ne comprens point comme aprés tant d'amour & tant d'impatience témoignée, tant d'hommages pressans, de vœux, de soupirs, & de larmes, tant de lettres passionnées, de protestations ardantes & de sermens reïterés, tant de transports enfin, & tant d'emportemens qu'il a fait paroistre, jusques à forcer dans sa passion l'obstacle sacré d'un Convent pour mettre D. Elvire en sa puissance, je ne comprens pas, dis-je, comme aprés tout cela il auroit le cœur de pouvoir manquer à sa parole.

SGANA.

Je n'ay pas grande peine à le comprendre moy, & si tu connoissois le pelerin, tu trouverois la chose assés facile pour luy; je ne dis pas qu'il ait changé de sentimens pour D. Elvire, je n'en ay point de certitude encore; tu sçais que par son ordre je partis avant luy, & depuis son arrivée, il ne m'a point entretenu; mais par precaution je t'apprens *inter nos*, que tu vois en D. Juan mon Maistre le plus grand scelerat que la terre ait jamais porté, un enragé, un chien, un Diable, un Turc, un heretique, qui ne croit ny Ciel ny Sainct, ny Dieu, ny loup garou, qui passe cette vie en veritable beste brute, en pourceau d'Epicure, en vray Sardanapale, ferme l'oreille à toutes les remontrances Chrestiennes qu'on luy peut faire, & traite de belles visées tout ce que nous croyons ; tu me dis qu'il a épousé ta Maistresse, croy qu'il auroit plus fait pour contenter sa passion, & qu'avec elle il auroit encore épousé toy, son chien & son chat ; un mariage ne luy couste rien à contracter, il ne se sert point d'autre piege pour attraper les belles, & c'est un épouseur à toutes mains, Dame, Damoiselle, Bourgeoise, Païsane ; Il ne trouve rien de trop chaud ny de trop froid pour luy, & si je te disois le nom de toutes celles qu'il a espousées en divers lieux, ce seroit un chapitre à durer jusques au soir;

A 2

soir; tu demeures surpris & changes de couleur à ce discours; ce n'est là qu'une ébauche du personnage; & pour en achever le portrait, il faudroit bien d'autres coups de pinceau; Suffit qu'il faut que le courroux du Ciel l'accable quelque jour, qu'il me vaudroit bien mieux d'estre au Diable qu'à luy, & qu'il me fait veoir tant d'horreurs que je souhaitterois qu'il fust déja je ne sçay où. C'est une chose terrible, il faut que je luy sois fidelle en depit que j'en aye; la crainte en moy fait l'office du zele, bride mes sentimens & me reduit à la complaisance d'aplaudir bien souvent à ce que mon ame deteste; le voyla qui vient se promener dans ce Palais, separons nous; écoute, aumoins je te fais confidence avec grande franchise, & cela m'est sorti un peu bien viste de la bouche; mais s'il falloit qu'il en vinst quelque chose à ses oreilles, je dirois hautement que tu aurois menti.

SCENE II.
DON JUAN, SGANARELLE.

D. JUAN.
Quel homme te parloit-là? il a bien de l'air, ce me semble, du bon Gusman de D. Elvire.

SGANA.
C'est quelque chose aussi à peu prés comme cela.

D. JUAN.
Quoy, c'est luy!

SGANA.
Luy-mesme.

D. JUAN.
Et depuis quand est il en cette Ville?

SGANA.
D'hier au soir.

D. JUAN.
Et quel sujet l'amene?

SGANA.
Je crois que vous jugés assés ce qui peut l'inquieter.

D. JUAN.

D. JUAN.

Noſtre depart ſans doute.

SGANA.

Le bon homme en eſt tout mortifié, & m'en demandoit le ſujet

D. JUAN.

Et quelle Réponce as-tu faite?

SGANA.

Que vous ne m'en aviez rien dit.

D. JUAN.

Mais encore, quelle eſt ta penſée là-deſſus, que t'imagines-tu de cette affaire?

SGANA.

Moy? je crois, ſans vous faire tort, que vous avez quelque nouvel amour en teſte.

D. JUAN.

Tu le crois?

SGANA.

Ouy.

D. JUAN.

Ma foy tu ne te trompes pas, & je dois l'avouer qu'un autre objet a chaſſé D. Elvire, de ma penſée.

SGANA.

Eh mon Dieu! je ſçay mon D. Juan ſur le bout du doigt, & connois voſtre cœur pour le plus grand coureur du monde; il ſe plait à ſe promener de lieux en lieux, & n'ayme point à demeurer en place.

D. JUAN.

Et ne trouves-tu pas que j'ay raiſon d'en uſer de la ſorte?

SGANA.

Eh Monſieur.

D. JUAN.

Quoy? parle.

SGANA.

Aſſeurement que vous avez raiſon, ſi vous le voulez. On ne peut pas aller là contre; mais ſi vous ne le vouliez pas, ce ſeroit peut-eſtre une autre affaire.

D. JUAN.

Et bien, je te donne la liberté de parler, & de me dire tes sentimens.

SGANA.

En ce cas, Monsieur, je vous diray franchement que je n'approuve point vostre methode, & que je trouve fort vilain d'aymer de tous costés comme vous faites.

D. JUAN.

Quoy ? tu veux qu'on se lie à demeurer au premier objet qui nous prend, qu'on renonce au monde pour luy, & qu'on n'ait plus d'yeux pour personne ; la belle chose de vouloir se piquer d'un faux honneur, d'estre fidelle, de s'ensevelir pour toujours dans une passion, & d'estre mort dés sa jeunesse pour toutes les autres beautés qui nous peuvent frapper les yeux ; non non, la constance n'est bonne que pour des ridicules : toutes les belles ont droit de nous charmer, & l'avantage d'estre rencontrée la premiere, ne doit point derober aux autres les justes pretentions qu'elles ont toutes sur nos cœurs ; pour moy, la beauté me ravit par tout où je la trouve, & je cede facilement à cette douce violence où elle nous entraine ; J'ay beau estre engagé, l'amour que j'ay pour une belle n'engage point mon ame à faire une injustice aux autres ; Je conserve des yeux pour veoir le merite de toutes, & je rends à chacune les hommages & les tributs où la nature nous oblige ; quoy qu'il en soit je ne puis refuser mon cœur à tout ce que je voy d'aymable, & dés qu'un beau visage me le demande, si j'en avois dix mille, je les donnerois tous : les inclinations naissantes aprés tout ont des charmes inexplicables, & tout le plaisir de l'amour est dans le changement : on gouste une douceur extreme à reduire, par cent hommages, le cœur d'une jeune beauté, à veoir de jour en jour les petits progrés qu'on fait, à combatre par des transports, par des larmes & des soupirs, l'innocente pudeur d'une ame qui a peine à rendre les armes, à forcer pied à pied toutes les
petites

petites resistances qu'elle nous oppose, à vaincre les scrupules dont elle se fait un honneur, & à la mener doucement où nous avons envie de la faire venir ; mais lorsque on est maistre une fois, il n'y a plus rien à dire ny rien à souhaitter, tout le beau de la passion est finie, & nous nous endormons dans la tranquillité d'un tel amour, si quelque objet nouveau ne vient reveiller nos desirs, & presenter à nostre cœur les charmes attrayans d'une conqueste à faire ; enfin il n'est rien de si doux que de triompher de la resistance d'une belle personne, & j'ay sur ce sujet l'ambition des conquerants qui volent perpetuellement de victoire en victoire, & ne peuvent point se resoudre à borner leurs souhaits ; il n'est rien qui puisse arrester l'impetuosité de mes desirs, je me sens porté à aymer toute la terre, & comme Alexandre je souhaitterois qu'il y eust d'autres mondes pour y pouvoir estendre mes conquestes amoureuses.

SGANA.

Vertu de ma vie, comme vous debitez ; il semble que vous ayez appris par cœur cela, & vous parlez tout comme un Sire.

D. JUAN.

Qu'as tu à dire là-dessus.

SGANA.

Ma foy, j'ay à dire, & je ne sçay que dire, car vous tournez les choses d'une maniere qu'il semble que vous ayez raison, & cependant il est vray que vous ne l'avez pas ; j'avois les plus belles pensées du monde, & vos discours m'ont broüillé tout cela : laissez faire, une autre fois je mettray mes raisonnement par écrit, pour disputer avec vous.

D. JUAN.

Tu feras bien.

SGANA.

Mais Monsieur, cela seroit il de la permission que vous m'avés donnée, si je vous disois que je suis tant soit peu scandalizé de la vie que vous menés ?

D. JUAN.

D. JUAN.
Comment ? quelle vie est-ce que je mene ?
SGANA.
Fort bonne, mais par exemple je vous vois tous les mois vous marier comme vous faites.
D. JUAN.
Y a-t-il Rien de plus agreable ?
SGANA.
Il est vray, je conçois que cela est fort agreable & fort divertissant, & je m'en accommoderois assés moy, s'il n'y avoit point de mal ; mais Monsieur se jouer ainsy d'un mistere sacré &,
D. JUAN.
Va, c'est une affaire entre le Ciel & moy, & nous la demelerons bien ensemble, sans que tu t'en mettes en peine.
SGANA.
Ma foy Monsieur, j'ay toujours ouï dire que c'est une meschante raillerie que se railler du Ciel, & que les libertins ne font jamais une bonne fin.
D. JUAN.
Hola maistre sot, vous sçavez que je vous ait dit que je n'ayme pas les faiseurs de remonstances.
SGANA.
Je ne parle pas aussy à vous, Dieu m'en garde, vous sçavez ce que vous faites, & si vous ne croyez rien vous avez vos raisons : il y a de certains petits impertinens dans le monde, qui sont libertins sans sçavoir pourquoy, qui font les esprits forts, parcequ'ils croyent que cela leur sied bien, & si j'avois un maistre comme cela, je luy dirois fort nettement, le regardant en face, ozés vous bien ainsy vous jouer du Ciel, & ne tremblez vous point de vous moquer comme vous faites des choses les plus saintes; c'est bien à vous petit ver de terre, petit mirmidon que vous estes (je parle au maistre que j'ay dit) c'est bien à vous à vouloir vous mesler de tourner en raillerie ce que tous les hommes reverent; pensés vous que pour estre de qualité, pour avoir une perruque blonde & bien frisée, dés plumes

à

à voſtre chapeau, un habit bien doré, & des rubans couleur de feu (ce n'eſt pas à vous que je parle,
c'eſt à l'autre) penſés vous dis-je que vous en ſoyez
plus habile homme, que tout vous ſoit permis &
qu'on n'oze vous dire vos verités? apprenez de moy
qui ſuis voſtre valet, que le Ciel punit toſt ou
tard les impies, qu'une méchante vie amene une
méchante mort & que.....

D. JUAN.
Paix.

SGANA.
De quoy eſt il queſtion?

D. JUAN.
Il eſt queſtion de te dire qu'une jeune beauté me
tient au cœur, & qui entraine par ſes appas, je
l'ay ſuivie juſques dans cette Ville.

SGANA.
Et n'y craignez vous rien, Monſieur, de la mort
de ce Commandeur que vous tuates il y a ſix mois?

D. JUAN.
Et pourquoy craindre? ne l'ay-je pas bien tué.

SGANA.
Fort bien, le mieux du monde, il auroit tort de
s'en plaindre.

D. JUAN.
J'ay eu ma grace de cette affaire.

SGANA.
Ouy, mais cette grace n'eſteint pas peut-eſtre le
reſſentiment des parens & des amis &....

D. JUAN.
Ah, n'allons point ſonger au mal qui nous peut
arriver, & ſongeons ſeulement à ce qui peut nous
donner du plaiſir: la perſonne dont je te parle eſt une
jeune fiancée, la plus agreable du monde, qui a
eſté conduite icy par celuy meſme qu'elle y vient
eſpouſer, & le hazard m'a fait veoir le couple d'a-
mans trois ou quatre jours avant leur voyage. Jamais je n'ay veu deux perſonnes eſtre ſi contens
l'un de l'autre, & faire éclater plus d'amour: la tendreſſe viſible de leurs mutuelles ardeurs me donna

de l'emotion, j'en fus frapé au cœur, & mon amour commença par la jalousie; ouy je ne pus souffrir d'abord de les veoir si bien ensemble; le depit alluma mes desirs, & je me figuray un plaisir extreme à pouvoir troubler leur intelligence, & rompre cet attachement, dont la delicatesse de mon cœur se tenoit offencé; mais jusqu'icy tous mes efforts ont esté inutiles, & j'ay recours au dernier remede; cet Epoux pretendu doit aujourd'huy regaler sa Maitresse d'une promenade sur mer, sans avoir rien dit, toutes choses sont preparées pour satisfaire mon amour, & j'ay une petite barque & des gens, avec quoy fort facilement je pretens enlever la belle.

SGANA.
Ah Monsieur!

D. JUAN.
Hen.

SGANA.
C'est fort bien fait à vous, & vous le prenez comme il faut, il n'est rien tel en ce monde que de se contenter.

D. JUAN.
Prepare toy donc à venir avec moy, & prens soin toy-mesme d'apporter toutes mes armes afin que..... Ah rencontre fâcheuse! traistre tu ne m'avois pas dit qu'elle estoit icy elle-mesme.

SGANA.
Monsieur vous ne me l'aviés pas demandé.

D. JUAN.
Est elle folle de n'avoir pas changé d'habit, & de venir dans ce lieu-cy avec son equipage de Campagne?

SCE-

SCENE III.

D. ELVIRE. D. JUAN. SGAN.

D. ELVIRE.

Me feriez vous la grace, D. Juan, de vouloir bien me reconoiſtre, & puis je au moins eſperer que vous daigniés tourner le viſage de ce coſté?

D. JUAN.

Madame je vous avouë que je ſuis ſurpris, & que je ne vous attandois pas icy.

D. ELVIRE.

Ouy, je vois bien que vous ne m'attandiez pas, & vous eſtes ſurpris à la verité, mais tout autrement que je ne l'eſperois, & la maniere dont vous le paroiſſez me perſuade pleinement ce que je refuſois de croire; j'admire ma ſimplicité, & la foibleſſe de mon cœur, à douter d'une trahiſon que tant d'aparences me confirmoient: j'ay eſté aſſés bonne, je le confeſſe, ou pluſtoſt aſſés ſotte pour vouloir me tromper moy-meſme, & travailler à dementir mes yeux & mon jugement. J'ay cherché des raiſons pour excuſer à ma tendreſſe le relachement d'amitié qu'elle voyoit en vous, & je me ſuis forgé exprés cent ſujets legitimes d'un depart ſi precipité, pour vous juſtifier du crime dont ma raiſon vous accuſoit. Mes juſtes ſoupçons, châque jour, avoient beau me parler, j'en rejettois la voix qui vous rendoit criminel à mes yeux, & j'ecoutois avec plaiſir mille chimeres ridicules qui vous peignoient innocent à mon cœur; mais enfin cet abord ne me permet plus de douter, & le coup d'œil qui ma reccuë m'apprend bien plus de choſes que je ne voudrois en ſçavoir: Je ſeray bienaiſe pourtant d'ouïr de voſtre bouche les Raiſons de voſtre depart. Parlés D. Juan je vous prie, & voyons de quel air vous ſçavez vous juſtifier.

D. JUAN.

Madame, voyla Sganarelle qui ſçait pourquoy je ſuis party.

SGANA.
Ouy Monsieur, je ne sçay rien s'il vous plait.
D. ELVIRE.
Et bien Sganarelle, parlés, il n'importe de quelle bouche j'entende ces raisons.
D. JUAN.
Allons, parle donc à Madame.
SGANA.
Que voulez vous que je dise ;
D. ELVIRE.
Approchez, puis qu'on le veut ainsy, & me dites un peu les causes de ce depart si prompt.
D. JUAN.
Tu ne repondras pas ?
SGANA.
Je n'ay rien à répondre, vous vous moquez de vostre serviteur.
D. JUAN.
Veux tu Répondre, te dis-je.
SGANA.
Madame.
D. ELVIRE.
Quoy.
SGANA.
Monsieur.
D. JUAN.
Si....
SGANA.
Madame, les conquerans, Alexandre, & les autres mondes, sont causes de nostre depart : voyla Monsieur tout ce que je puis dire.
D. ELVIRE.
Vous plait-il, D. Juan, nous éclaircir ces beaux misteres.
D. JUAN.
Madame, à vous dire la verité.
D. ELVIRE.
Ah, que vous sçavez mal vous deffendre, pour un homme de Cour & qui doit estre accoutumé à ces sortes de choses, j'ay pitié de vous voir la confusion

sion que vous avez ; que ne vous armez vous le front d'une noble effronterie ? que ne me jurez vous que vous estes toujours dans les mesmes sentimens pour moy, que vous m'aymez toujours avec une ardeur sans égale, & que rien n'est capable de vous detacher de moy que la mort ? que ne me dites vous que des affaires de la derniere consequence vous ont obligé à partir sans m'en donner avis, qu'il faut que malgré vous vous demeuriez icy quelque temps, & que je n'ay qu'à m'en retourner d'où je viens, asseurée que vous suivrez mes pas le pluftost qu'il vous sera possible, puisque il est tres certain que vous brulés de me rejoindre, & qu'esloigné de moy vous soufrez ce que soufre un corps qui est separé de son ame ; voyla comme il faut vous defendre, & non pas estre interdit comme vous estes.

D. JUAN.

Je vous avoüe, Madame, que je n'ay point le talent de dissimuler, & que je porte un cœur sincere, je ne vous diray point que je suis toujours dans les mesmes sentimens pour vous, & que je brusle de vous rejoindre, puisqu'enfin il est asseuré que je ne suis party que pour vous fuir, non point pour les raisons que vous pourez vous figurer, mais par un pur motif de conscience, & pour ne croire pas qu'avec vous davantage je puisse vivre sans peché ; il m'est venu des scrupules Madame, & j'ay ouvert les yeux de l'ame sur ce que je faisois, j'ay fait reflexion que pour vous espouser je vous ay dérobée à la closture d'un convent, que vous avés rompu des vœux qui vous engageoient autre part, & que le Ciel est fort jaloux de ces sortes de choses. Le repentir m'a pris, & j'ay craint le courroux celeste ; j'ay cru que nostre mariage n'estoit qu'un adultere deguisé, qu'il nous attireroit quelque disgrace d'en haut, & qu'enfin je devois tâcher de vous oublier, & vous donner moyen de retourner à vos premieres chaînes ; voudriez vous Madame vous opposer à une si sainte pensée ; & que j'allasse, en vous retenant, me mettre le Ciel sur les bras ? que pour . . . . .

D. EL.

D. ELVIRE.

Ah fcelerat, c'eſt maintenant que je te connois tout entier, & pour mon malheur je te connois lors qu'il n'en eſt plus temps, & qu'une telle connoiſſance ne peut plus me ſervir qu'à me deſeſperer; mais ſçache que ton crime ne demeurera pas impuni, & que le meſme Ciel dont tu te joues, me ſçaura vanger de ta perfidie.

D. JUAN.

Sganarelle, le Ciel.

SGANA.

Vrayment ouy, nous nous moquons bien de cela nous autres.

D. JUAN.

Madame.

D. ELVIRE.

Il ſuffit, je n'en veux pas ouïr davantage, & je m'accuſe moy-meſme d'en avoir trop entendu, c'eſt une lâcheté que de ſe faire expliquer trop ſa honte, & ſur de tels ſujets, un noble cœur, au premier mot, doit prendre ſon party; n'attends pas que j'eſclate icy en reproche & en injures, non, non, je n'ay point un courroux à exhaler une parole vaine, & toute ſa chaleur ſe reſerve pour ma vengeance; je te le dis encore, le Ciel te punira, perfide, de l'outrage que tu me fais, & ſi le Ciel n'a rien que tu puiſſes apprehender, apprehende au moins la colere d'une femme offencée.

SGANA.

Si le remords le pouvoit prendre.

D. JUAN.

Allons ſonger à l'execution de noſtre entrepriſe amoureuſe.

SGANA.

Ah! quel abominable Maiſtre me vois-je obligé de ſervir.

Fin du Premiere Acte.

ACTE SECOND
SCENE I.
CHARLOTTE, PIERROT.
CHARLOTTE.

Noſtre dinje, Pierrot, tu t'is trouvé là bien à point.

PIERROT.

Porquiſenne, il ne s'en eſt pas fallu l'eſpoiſſeur d'une eſpingle qu'ils ne ſe s'ayant noyez tou deu.

CHARL.

C'eſt donc le coup de vent d'amatin qui les avoit renverſez.

PIERROT.

Aga, quien, Charlotte, je m'en vas te conter tout fin dray comme cela eſt venu ça, comme dit l'autre, je les ay le premier aviſez, aviſez le premier je les ay; enfin donc jeſquions ſur le bord de la mar, mo & le gros Lucas, & je nous amuſions à batifoler avé des motes de tarre, que je nous jeſquions à la teſte; car comme tu ſçais bian, le gros Lucas ayme à batifoler, & moy per fois je batifole i tou; en batifolans donc, piſque batifoler y a, j'ay aperceu de tout loin queuque choſe qui grouilloit dans glieau, & qui venoit comme envars nous per ſecouſſe, je voyois ça fiſiblement, & pis tout d'un coup je voyois que je ne voyois plus rien; eh Lucas! ç'ay je fait, je penſe que vla des hommes qui nageant là bas; voire ce m'a-t-il fait, t'as eſté au trepaſſement d'un chat, t'as la veuë trouble; pal ſan guiene, ç'ay je fait, je n'ay point la veuë trouble, ce ſont des hommes; point du tout ce m'a-t-il fait, t'as la barluë; veux tu gager, ç'ay je fait, que je n'ay point la barluë, ç'ay je fait, & que ce ſont des hommes, ç'ay je fait qui nageant drai icy, ç'ay je fait; morguenné ce m'a-t-il fait, je gage que non; o ça ç'ay je fait, veux tu gager dix ſols que ſy? je veux bian, ce m'a-t-il fait, &
pour

pour te monstrer, vlà argent ser jeu, ce m'a-t-il fait; moy je n'ay esté ny fou ny estourdy, j'ay bravement bouté quatre pieces tapées & cinq sols en double, j'erniguenne, aussi hardiment que si j'avois avalé un vare de vin, car si hazardeux moy, & je vas à la debandade; je sçavois bian ce que je faisois pourtant, queuque gniais: enfin don je n'avois pas plustost eu gagé, que j'avons veu les deux hommes tous à plein, qui nous faisians signe de les aller querir, & moy d'hier auparavant les enjeux, allons Lucas, ç'ay-je dit, tu vois bian qu'ils nous appellent, allons viste à leur secours; non ce m'a-t-il dit, ils m'ont fait pardre; o dont tanquia, qu'à la parfin, pour le faire court, je l'ay tant sarmonné que je nous sommes boutés dans une barque, & pis j'avons tant fait, cahin caha, que je les avons tiré de gliau, & pis je les avons mené cheu nous, auprés du feu, & pis ils se sont dépouillez tous nus pour se secher, & pis il y en est encor venu deux de la mesme bande, qui s'aguiant sauvés tout seul, & pis Mathurine est arrivée là, à qui l'on a fait les doux yeux; vlà justement Charlotte comme tout ça s'est fait.

CHARL.

Ne m'as tu pas dit, Piarrot, qu'il y en a un qui est bian pu mieux fait que les autres.

PIARROT.

Ouy, c'est le Maistre, il faut que ce soit queuque gros gros Monsieur, car il a du dor à son habit tout depis l'haut jusque en bas, & ceux qui le sarvant sont des Monsieurs eux-mesmes, & stan pandant, tout gros Monsieur qu'il est, il seroit per ma fegue nayé, si je n'avions esté là.

CHARL.

Ardés un peu.

PIARROT.

O par guenne, sans nous, il en avoit pour sa maine de feves.

CHARL.

Est il encor cheu toy tout nu, Piarrot?

PIARROT.

Nannain, ils l'avont rhabillé tout devant nous;

COMEDIE. 17

monquieu je n'en avois jamais veu s'habiller ; que d'histoires & d'angingorniaux boutont ces Monsieurs-là les courtisans, je me là dedans pour moy, & j'estois tout eboby de voir ça ; quien Charlotte, ils avont des cheveux qui ne tenont point à leu teste, & ils boutont ça après tout comme un gros bonnet de filace, ils ant des chemises qui ant des manches ou j'entrerois tout brandis toy & moy ; en glieu d'haut de chausse ils portont un garderobe aussy large que d'icy à pasques ; en glieu de pourpoint de petites brasieres qui ne leur venont pas jusqu'au brichet, & en glieu de rabat un grand mouchoir de cou à reziau avec quatre grosses houpes de linge qui leu pendont ser l'estoumaque ; ils avont yton d'autres petis rabat au bout des bras, & de grands antonoirs de passement au jambes, & parmy tout ça tant de ribans, tant de ribans, que c'est une vraye piquié; ignia pas jusqu'au souliez qui n'en soyont farcy tout depis un bout jusqu'à lautre, & ils sont faits d'une façon que je me romperois le cou au cul.

CHARL.

Perma si, Piarrot, il faut que j'aille veor en peu ça.

PIARROT.

O, acoute un peu auparavant Charlotte, j'ay queuque autre à te dire moy.

CHARL.

Et bian, dy, qu'est que c'est?

PIARROT.

Vois tu, Charlotte, il faut comme dit l'autre que je debonde mon cœur, je t'ayme, tu le sçais bian, & je semmes pour estre mariés ensemble, mais, morguenne, je ne suis point satisfait de toy.

CHARL.

Quemant ? qu'est ce que c'est donc qu'il y glia ?

PIARROT.

Il y glia, que tu me chagraines l'esprit franchement.

CHARL.

Et quémant donc ?

PIAR-

PIARROT.
Tefte quienne, tu ne m'ayme point.
CHARL.
Ah Ah, n'eft ce que ça?
PIARROT.
Ouy ce n'eft que ça, & c'eft bian affés.
CHARL.
Monguieu, Piarrot, tu me viens toujou dire la mefme chofe.
PIARROT.
Je te dis toujou la mefme chofe, parceque c'eft toujou la mefme chofe, & fi ce n'eftoit pas toujou la mefme chofe, je ne te dirois pas toujou la mefme chofe.
CHARL.
Mais qu'eft-ce qu'il te faut? que veux tu?
PIARROT.
Jerniguienne je veux que tu m'aymes.
CHARL.
Eft ce que je ne t'ayme pas?
PIARROT.
Non tu ne m'ayme pas, & fi je fais tout ce que je pis pour ça, je t'ajette fans reproche des rubans à tous ces marciers qui paffont, je me romps le cou à t'aller denicher des marles, je fais jouer pour toy les vielloux quand ce vient ta fefte, & tout ça comme fi je me frapois la tefte contre un mur; vois-tu, c'a n'eft ni biau ny honefte de n'aymer pas les gens qui nous aymant.
CHARL.
Mais mon guieu, je t'ayme auffy.
PIARROT.
Ouy, tu m'ayme d'une belle deguaine.
CHARL.
Quemant veux tu donc qu'on faffe;
PIARROT.
Je veux que l'on faffe comme l'on fait quand l'on ayme comme il faut.
CHARL.
Ne t'ayme-je pas auffy comme il faut.

PIAR-

PIARROT.

Non, quand ça est, ça se void, & l'on fait mille petites singeries aux personnes, quand on les ayme du bon du cœur: regarde la grosse Tomasse comme elle assotie du jeune Robain, alle est toujou entour de ly à l'agacer, & ne lo laisse jamais en repos, toujou elle y fait queuque niche, ou ly baille queuque taloche en passant; & l'autre jou, qu'il estoit assis sur un escabeau, al fut le tirer dessous ly & le fit choir tout de son long par tarre; jarny vla où l'on voit les gens qui aymant, mais toy tu ne me dis jamais mot, t'es toujou là comme une vraye souche de bois, & je passerois vingt fois devant toy que tu ne te grouillerois pas pour me bailler le moindre coup, ou me dire la moindre chose, ventre guienne c'a n'est pas bian apres tout, & t'es trop froide pour les gens.

CHARL.

Enfin que veux tu que je fasse? c'est mon humeur, & je ne pis pas me refondre.

PIARROT.

Ignia humeur qui guienne, quand on a de l'amiquié pour les personnes, l'on en baille toujou queuque petite signifiance.

CHARL.

Enfin je t'ayme tout autant que je pis, si tu n'es pas content de ça, tu n'as qu'à en aymer queuque autre.

PIARROT.

Eh bien vla pas mon conte, testiquié si tu m'aymois me dirois tu ça?

CHARL.

Pourquoy me viens tu tarabuster l'esprit.

PIARROT.

Morgué que mal te fais-je? je ne te demande qu'un peu pus damiquié.

CHARL.

Et bien laisse faire aussy, & ne me presse point tant, peut-estre que ça viendra tout d'un coup sans y songer.

PIAR-

PIARROT.
Touche donc là Charlotte.
CHARL.
Et bien, quien.
PIARROT.
Promets moy que tu tascheras de m'aymer davantage.
CHARL.
J'y feray tout ce que je pourray; mais il faut que ça vienne de luy-mesme; Piarrot, est-ce là Monsieur.
PIARROT.
Ouy, le vla.
CHARL.
Ah mon quieu, qu'il est gentis, & que ç'auroit esté dommage qu'il eust esté nayé!
PIARROT.
Je revians à l'heure, je m'en vas boire chopaine pour me rebouter tant soit peu de la fatigue que jay eu.

SCENE II.
D. JUAN, SGANA., CHARLOTTE.
D. JUAN.
Nous avons manqué nostre coup Sganarelle, & céte bourasque impreveuë a renversé, avec nostre barque, le projet que nous avions fait; mais à te dire vray la païsanne que je viens de quitter repare ce malheur, & je luy ay trouvé des charmes qui effacent de mon esprit tout le chagrin que me donnoit le mauvais succés de nostre entreprise; il ne faut pas que ce coup m'eschape, & j'y ay déja jetté des dispositions à ne me pas souffrir de pousser longtemps des soupirs.
SGANA.
Monsieur j'avouë que vous m'estonnés, à present que nous sommes échapez d'un peril de mort, qu'au lieu de rendre grace au ciel de la peine qu'il a daigné
pren-

prendre de nous, vous travaillez tout de nouveau à vous attirer sa colere par vos fantaisies accoustumées & vos amours or..... paix, coquin que vous estes, vous ne sçavez ce que vous dites, & Monsieur sçait ce quil fait, allons

D. JUAN.

Ah ah, d'où sort céte autre Païsanne? Sganarelle as tu rien veu de plus joly, & ne trouves tu pas, dis moy, que celle cy vaut bien l'autre?

SGANA.

Asseurement. autre piece nouvelle.

D. JUAN.

D'où me vient, la belle, une rencontre si agreable? quoy, dans ces lieux champestres, parmy ces arbres, & ces Rochers, on trouve des personnes faites comme vous estes?

CHARL.

Vous voyez Monsieur.

D. JUAN.

Estes vous de ce Village?

CHARL.

Ouy Monsieur.

D. JUAN.

Et vous y demeurés?

CHARL.

Ouy Monsieur.

D. JUAN.

Vous vous appellez.

CHARL.

Charlotte pour vous servir.

D. JUAN.

Ah la belle personne, & que ses yeux sont penetrans!

CHARL.

Monsieur vous me rendez toute honteuse.

D. JUAN.

Ah n'ayés point de honte d'entendre dire vos verités. Sgana. qu'en dis tu? peut on rien veoir de plus agreable? tournés vous un peu s'il vous plaist; ah que cette taille est jollie! haussés un peu la teste de grace;

grace. ah que ce visage est mignon! ouvrez vos yeux entierement, ah qu'ils sont beaux! que je voye un peu vos dents, je vous prie. Ah qu'elles sont amoureuses, & ces levres appetissantes! pour moy je suis ravi, & je n'ay jamais veu une si charmante personne.

CHARL.

Monsieur, cela vous plaist à dire, & je ne sçay pas s'y c'est pour vous railler de moy.

D. JUAN.

Moy, me railler de vous, Dieu m'en garde, je vous ayme trop pour cela, c'est du fond du cœur que je vous parle.

CHARL.

Je vous suis bien obligée si cela est.

D. JUAN.

Point du tout, vous ne m'estes point obligée de tout ce que je dis, & ce n'est que à vostre beauté que vous en estes redevable.

CHARL.

Monsieur, tout ça est trop bien dit pour moy, & je n'ay pas d'esprit pour vous répondre.

D. JUAN.

Sganarelle, regarde un peu ses mains.

CHARL.

Fy, Monsieur, elles sont noires comme je ne sçay quoy.

D. JUAN.

Ah que dites vous là? elles sont les plus belles du monde, soufres que je les baise, je vous prie.

CHARL.

Monsieur, c'est trop d'honneur que vous me faites, & si j'avois sceu ça tantost je n'aurois pas manqué de les laver avec du son.

D. JUAN.

Et dites moy un peu, belle Charlotte, vous n'estes pas mariée sans doute?

CHARL.

Non Monsieur, mais je dois bien l'estre avec Piarrot, le fils de la voisine Simonette.

D. JUAN.

COMEDIE. 23

D. JUAN.

Quoy ! une personne comme vous seriez la femme d'un simple Païsan ? non, non, c'est prophaner tant de beauté, & vous n'estes pas née pour demeurer dans un Village; vous meritès sans doute une meilleure fortune, & le Ciel qui le connoist bien m'à conduit icy tout exprés pour empescher ce mariage, & rendre justice à vos charmes ; car enfin, belle Charlotte, je vous ayme de tout mon cœur, & il ne tiendra qu'à vous que je ne vous arrache de ce lieu miserable, & ne vous mette dans l'estat où vous meritès d'estre; cet amour est bien prompt sans doute; mais quoy ! c'est un éclat, Charlotte, de vostre grande beauté, & l'on vous ayme autant en un quart d'heure quon feroit une autre en six mois.

CHARL.

Aussi vray, Monsieur, je ne sçay comment vous faites quand vous parlés, ce que vous dites me fait aise, & j'aurois toutes les envies du monde de vous croire, mais on m'a tousjours dit qu'il ne faut jamais croire les Monsieurs, & que vous autres Courtisans vous estes des enjoleurs qui ne songez qu'à abuser les filles.

D. JUAN.

Je ne suis pas de ces gens-là.

SGANA.

Il n'a garde.

CHARL.

Voyez vous, Monsieur, il n'y a pas plaisir à se laisser abuser : je suis une pauvre païsanne, mais j'ay l'honneur en recommandation, & j'aymerois mieux me veoir morte que de me veoir deshonorée.

D. JUAN.

Moy j'aurois l'ame assés meschante pour abuser une personne comme vous ? je serois assez lâche pour vouloir vous deshonorer ? non, non, j'ay trop de conscience pour cela; je vous ayme Charlotte en tout bien & en tout honneur, & pour vous montrer que je vous dis vray, sçachez que je n'ay point d'autre dessein que de vous espouser. En voulez vous un plus grand

grand tesmoignage? m'y voyla prest quand vous voudrez, & je prens à tesmoin l'homme que voyla de la parole que je vous donne.

SGANA.

Non, non, ne craignez point, il se mariera avec vous tant que vous voudrez.

D. JUAN.

Eh Charlotte, je vois bien que vous ne me connoissez pas encore, vous me faites grand tort de juger de moy par les autres; & s'il y a des fourbes dans le monde, des gens qui ne cherchent qu'à abuser des filles, vous devez me tirer du nombre, & ne pas me mettre en doute la sincerité de ma foy; & puis vostre beauté vous asseure de tout; quand on est faite comme vous, on doit estre à couvert de toutes ces sortes de creances; vous n'avez point l'air, croyez moy, d'une personne qu'on abuse, & pour moy, je vous l'avouë, je me percerois le cœur de mille coups si j'avois eu la moindre pensée de vous trahir.

CHARL.

Mon Dieu, je ne sçay si vous dites vray ou non, mais vous faites que l'on vous croye.

D. JUAN.

Lorsque vous me croyez, vous me rendez justice asseurement, & je vous reïtere encore la promesse que je vous ay faite, ne la croyez vous pas? & ne voulez vous pas consentir à estre ma femme?

CHARL.

Ouy, pourveu que ma tante le veuille.

D. JUAN.

Touchez donc là, Charlotte, que vous le voulez donc bien de vostre part.

CHARL.

Mais au moins Monsieur, ne m'y allez pas tromper je vous prie, il y auroit de la conscience à vous, & vous voyez comme j'y vais à la bonne foy.

D. JUAN.

Comment, il semble que vous doutiés encore de ma sincerité! voulez vous que je vous fasse des sermens epouvantables? que le Ciel.

CHARL.

CHARL.

Mon Dieu! ne jurez point, je vous croy.

D. JUAN.

Donnez moy donc un petit baiser pour gage de vostre parole.

CHARL.

Oh Monsieur! attendez que je soyons mariées, je vous prie, aprez ça je vous baiseray tant que vous voudrez.

D. JUAN.

Et bien, belle Charlotte, je veux tout ce que vous voulez, abandonnez moy seulement vostre main, & soufrez, que par cent baisers je luy exprime le ravissement où je suis.

SCENE III.

D. JUAN, SGANARELLE, PIERROT, CHARLOTTE.

PIERROT.

Tout doucement Monsieur, tenés vous s'il vous plait, vous vous eschaufez trop, & vous pouriez gaigner la puresie.

D. JUAN.

Qui m'amene cet Impertinent?

PIARROT.

Je vous dis que vous tgniais, & que vous ne caressiez point nos accordées.

D. JUAN *le poussant.*

Ah que de bruit.

PIERROT.

Jerniguenne, ce n'est pas comme ça qu'il faut pousser les gens.

CHARL.

Et laisse le faire aussy Piarrot.

PIERROT.

Quement, que je laisse faire? je ne veux pas moy.

D. JUAN.

Ah,

PIERROT.

Testequenne, parceque vous estes... vous viendrez caresser nos femmes à notre barbe, allez v. f. & caresser les vostres.

D. JUAN.

Heu.

PIERROT.

Heu testiqué ne me frapés pas, ah jernigué, ventregué, pal sangué, morguenne, ça n'est pas bien de battre les gens, & ce n'est pas la recompense de vous avoir sauvé d'estre nayé.

CHARL.

Piarrot ne te fasche point...

PIERROT.

Je me veux fascher, & t'es une vilaine, toy, d'endurer qu'on te caresse.

CHARL.

Oh Piarrot, ce n'est pas ce que tu penses, ce Monsr. veut m'espouser, & tu ne dois pas te bouter en colere.

PIERROT.

Quement, jerny, tu renie promesse!

CHARL.

Ca n'y fait rien, Piarrot, si tu m'ayme ne dois tu pas estre bien ayse que je devienne Madame?

PIERROT.

Jernigué non, j'ayme mieux te veoir crever, que de te veoir à un autre.

CHARL.

Va va Pierrot, ne te mets point en peine, si je sis Madame je te feray gagner queuque chose, & tu apporteras du beurre & du fromage cheu nous.

PIERROT.

Ventreguenne jegny en porteray jamais, quand tu m'y en payerois deux fois autant; est-ce donc comme ça que t'escoute ce qu'il te dit? morguenne si j'avois sceu ça tantost, je me serois bien gardé de le tirer de gliau, & je ly aurois bailli un bon coup d'aviron sur la teste.

D. JUAN.

Qu'est-ce que vous dites?

PIER-

COMEDIE.

PIERROT *s'esloignant.*
Jerniguenne, je ne crains personne.
D. JUAN.
Attends moy un peu.
PIERROT.
Je me moque de tout, moy.
D. JUAN.
Voyons cela.
PIERROT.
J'en avons bien veu d'autres.
D. JUAN.
Houais.
SGANA.
Eh Monsieur, laissés là ce pôvre miserable, c'est conscience de le battre; ecoute mon pôvre garçon, retire toy & ne luy dis rien.
PIERROT.
Je veux luy dire, moy.
D. JUAN *donnant un soufflet à Sgana.*
qu'il croit donner à Pierrot.
Ah je vous apprendray.
SGANA. *regardant Pierrot qui s'est*
baissé pour eviter le coup.
Peste soit du maroufle.
D. JUAN.
Te voyla payé de ta charité.
PIERROT.
Jarny, je vas dire à ta tante tout ce ménage-cy.
D. JUAN.
Enfin je m'en vais estre le plus heureux de tous les hommes, & je ne changerois pas mon bonheur à toutes les choses du monde : que de plaisirs, que de plaisirs, quand vous serez ma femme, & que !

B 2　　　　　SCE-

SCENE IV.

D. JUAN, MATHURINE, CHARLOTTE, SGANARELLE.

SGANA.
Ah, ah.

MATHURINE.
Monsieur, que faites vous donc là avec Charlotte, est-ce que vous luy parlez d'amour aussy ?

D. JUAN *à Mathur.*
Non, au contraire c'est elle qui me temoignoit vouloir estre ma femme, & je luy respondois que j'estois engagé à vous.

CHARL.
Qu'est-ce que c'est donc que vous veut Mathurine?

D. JUAN. *à Charlote.*
Elle est jalouse de me veoir vous parler, & voudroit bien que je l'espousasse, mais je luy ait dit que c'est vous que je veux.

MATH.
Quoy Charlotte ?

D. JUAN *à Math.*
Tout ce que vous luy direz sera inutile, elle s'est mis cela en la teste.

CHARL.
Quement donc Mathurine?

D. JUAN *à Charl.*
C'est en vain que vous luy parlerez, vous ne luy osterez pas cette fantaisie.

MATH.
Est ceque.

D. JUAN *à Mathur.*
Il n'y a pas moyen de luy faire entendre raison.

CHARL.
Je voudrois.

D. JUAN *à Charlot.*
Elle est obstinée comme tous les Diables.

MATH.

COMEDIE

MATH.
Vrement.

D. JUAN à Mathur.
Ne luy dites rien, c'est une folle.

CHARL.
Je pense.

D. JUAN à Charlot.
Laissés-la là, c'est une extravagante.

MATH.
Non non, il faut que je luy parle.

CHARL.
Je veux voir un peu ses raisons.

MATH.
Quoy ?

D. JUAN à Math.
Je gage qu'elle vous dira que je luy ay promis de l'espouser.

CHARL.
Je.

D. JUAN à Charlot.
Gageons qu'elle vous soutiendra que je luy ay donné parole de la prendre pour femme.

MATH.
Hola, Charlotte, ç'a n'est pas bien de courir sur le marché des autres.

CHARL.
C'a n'est pas honneste, Mathurine, d'estre jalouse que Monsieur me parle.

MATH.
C'est moy que Monsieur a veu la premiere.

CHARL.
S'il vous a veu la premiere, il m'a veu la seconde, & m'a promis de m'espouser.

D. JUAN à Mathur.
Et bien, que vous ay-je dit ?

MATH.
Je vous baise les mains, c'est moy, & non pas vous qu'il a promis d'espouser.

D. JUAN à Charlot.
N'ay-je pas deviné.

CHARL.

LE FESTIN DE PIERRE,

CHARL.
A d'autres je vous prie, c'est moy vous dis-je, vous vous moquez des gens, c'est moy encor un coup.

MATH.
Le vla qui est pour me démentir si je ne dis pas vray.

CHARL.
Est ce Monsieur que vous luy aviez promis de l'espouser ?

D. JUAN à Charl.
Vous vous raillez de moy.

MATH.
Est il vray Monsieur que vous ly ayez donné parole d'estre son mary ?

D. JUAN à Mathur.
Pourez vous avoir cette pensée.

CHARL.
Vous voyez qu'al le soustient.

D. JUAN à Charl.
Laissés la faire.

MATH.
Vous estes temoin comme al l'asseure.

D. JUAN à Math.
Laissés la dire.

CHARL.
Non non, il faut sçavoir la verité.

MATH.
Il est question de juger ça.

CHARL.
Ouy, Mathurine, je veux que Monsieur vous monstre vostre bec jaune.

MATH.
Ouy Charlotte, je veux que Monsieur vous rende un peu camuse.

CHARL.
Monsieur, vuidés la querelle s'il vous plaist.

MATH.
Mettés nous d'accord Monsieur.

CHARL. à Math.
Vous allez veoir.

MATH.

MATH à *Charl.*
Vous allez veoir vous-mesme.
CHARL. à *D. Juan.*
Perlez.
MATH. à *D. Juan.*
Perlez.
D. JUAN.
Que voulez vous que je vous dife, vous foustenez également toutes deux que je vous ay promis de vous prendre pour femmes, eſt-ce que chacune de vous ne fçait pas ce qui en eſt, ſans qu'il ſoit neceſſaire que je m'explique davantage. Pourquoy m'obliger là-deſſus à des redites ? celle à qui j'ay promis effectivement n'a-t-elle pas en elle-meſme déquoy ſe moquer des diſcours de l'autre, & doit elle ſe mettre en peine, pourveuque j'accompliſſe ma promeſſe ? tous les diſcours n'avancent point les choſes, il faut faire & non pas dire, & les effects decideront mieux que les paroles ; auſſy n'eſt-ce rien que par là que je veux vous mettre d'accord, & l'on verra quand je me marieray laquelle des deux a mon cœur ; *à Mathurine*, laiſſés luy croire ce qu'elle voudra. *à Charlotte* je ſuis tout à vous. *à Mathurine* tous les viſages ſont laids auprés du voſtre. *à Charlotte* on ne peut plus ſouffrir les autres quand on vous a veüe, j'ay un petit ordre à donner, je viens vous retrouver dans un quart d'heure.

CHARL. à *Math.*
Je ſuis celle qu'il ayme du moins.
MATH.
C'eſt moy qu'il eſpouſera.
SGANA.
Ah ! Pauvres filles que vous eſtes, j'ay pitié de voſtre innocence, & je ne puis ſouffrir de vous voir courir à voſtre malheur ; croyez moy l'une & l'autre, ne vous amuſés point à tous les contes qu'on vous fait, & demeurez dans voſtre village.

D. JUAN *revenant.*
Je voudrois bien ſçavoir pourquoy Sganarelle ne me ſuit pas.

SGANA.

Mon Maiſtre eſt un fourbe, il n'a deſſein que de vous abuſer, & en a bien abuſé d'autres, c'eſt l'eſpouſeur du genre humain, & (*il apperçoit D. Juan*) cela eſt faux, & quiconque vous dira cela, vous luy devez dire qu'il en a menty, mon Maiſtre n'eſt point l'eſpouſeur du genre humain; Il n'eſt point fourbe, n'a pas deſſein de vous tromper, & n'en a point abuſé d'autres; ah tenez le voyla, demandez le pluſtoſt à luy-meſme.

D. JUAN.

Ouy.

SGANA.

Monſieur comme le monde eſt plein de meſdiſances, je vais audevant des choſes, & je leur diſois que ſi quelcun leur venoit dire du mal de vous, elles ſe gardaſſent bien de le croire, & ne manquaſſent pas de luy dire qu'il en avoit menty.

D. JUAN.

Sganarelle.

SGANA.

Ouy, Monſieur eſt homme d'honneur, je le guarantis tel.

D. JUAN.

Hon.

SGANA.

Ce ſont des Impertinens.

SCENE V.

D. JUAN, la RAMEE, CHARLOTTE, MATHUR. SGANAR.

la RAMEE.

Monſieur je viens vous avertir qu'il ne fait pas bon icy pour vous.

D. JUAN.

Comment?

la RAMEE.

Douze hommes à cheval vous cherchent, qui doivent

vent arriver icy dans un moment; je ne sçay pas par quel moyen ils peuvent vous avoir suivy, mais j'ay appris cette nouvelle d'un païsan qu'ils ont interrogé, & auquel ils vous ont depeint; l'affaire presse, & le plustost que vous pourez sortir d'icy sera le meilleur.

D. JUAN à *Charl. & à Mathurine.*

Une affaire pressante m'oblige de partir d'icy, mais je vous prie de vous resouvenir de la parole que je vous ay donnée, & de croire que vous aurez de mes nouvelles, avant qu'il soit demain au soir; Comme la partie n'est pas egale; il faut user de stratageme & eluder adroitement le malheur qui me cherche, je veux que Sganarelle se veste de mes habits & moy...

SGANA.

Monsieur vous vous moquez; m'exposer à estre tué sous vos habits &...

D. JUAN.

Allons viste, c'est trop d'honneur que je vous fais, & bien heureux est le valet qui peut avoir la gloire de mourir pour son Maistre.

SGANA.

Je vous remercie d'un tel honneur. O Ciel puisqu'il s'agit de mort, fais moy la grace de n'estre point pris pour un autre.

Fin du Second Acte.

ACTE TROISIEME,
SCENE I.
D. JUAN, SGANARELLE.

SGANARELLE

MA foy Monsieur, avoués que j'ay eu raison, & que nous voyla l'un & l'autre deguisés à merveille, vostre premier dessein n'estoit point du tout à propos, & cecy nous caché bien mieux que tout ce que vous vouliez faire.

D. JUAN.

Il est vray que te voyla bien, & je ne sçay où tu as esté deterrer cet attirail ridicule.

SGANA.

Ouy, c'est l'habit d'un vieux Medecin qui a esté laissé en gage au lieu où je l'ay pris, & il m'en a cousté de l'argent pour l'avoir. mais sçavez vous, Monsieur, que cet habit me met déja en consideration, que je suis salué des gens que je rencontre, & que l'on vient me consulter ainsy qu'un habile homme.

D. JUAN.

Comment donc ?

SGANA.

Cinq ou six Païsans ou Païsannes, en me voyant passer, me sont venus demander mon avis sur differentes maladies.

D. JUAN.

Tu leur as respondu, que tu n'y entendois rien.

SGANA.

Moy, point du tout, j'ay voulu soustenir l'honneur de mon habit, j'ay raisonné sur le mal, & leur ay fait ordonnance à chacun.

D. JUAN.

Et quels remedes encore leur as-tu ordonnés ?

SGANA.

Ma foy, Monsieur, j'en ay pris par où j'en ay peu attraper, j'ay fait mes ordonnances à l'avanture, & ce seroit une chose plaisante si ces malades guerissoient, & qu'on me vinst remercier.

D. JUAN.

Et pourquoy non, par quelle raison n'aurois tu pas les mesmes privileges qu'ont tous les autres Medecins? ils n'ont pas plus de part que toy aux guerisons des malades, & tout leur art est pure grimace, ils ne font rien que recevoir la gloire des heureux succez, & tu peus profiter comme eux du bonheur du malade, & veoir attribuer à tes remedes tout ce qui peut venir des faveurs du hazard, & des forces de la nature.

SGANA.

Comment Monsieur, vous estes aussi impie en Medecine.

D. JUAN.

C'est une des grandes erreurs qui soit parmy les hommes.

SGANA.

Quoy! vous ne croyez pas au Sené, ny à la Casse, au Vin hemetique?

D. JUAN.

Et pourquoy veux tu que j'y croye?

SGANA.

Vous avez l'ame bien meschante, cependant vous voyez depuis un temps que le Vin hemetique fait bruire ses fuseaux, ses miracles ont converty les plus incredules esprits, & il n'y a pas trois semaines que j'en ay veu, moy qui vous parle, un effet merveilleux.

D. JUAN.

Et quel?

SGANA.

Il y avoit un homme qui depuis six jours estoit à l'agonie. On ne sçavoit plus que luy ordonner, & tous les remedes ne faisoient rien; on s'avisa à la fin de luy donner de l'hemetique.

D. JUAN.

Il reschappa?

SGANA.

Non, il mourut.

D. JUAN

D. JUAN.

L'effet est admirable.

SGANA.

Mais laissons là la Medecine, où vous ne croyez point, & parlons des autres choses; car cet habit me donne de l'esprit, & je me sens en humeur de disputer contre vous; vous sçavez bien que vous me permettez les disputes, & que vous ne me defendez que les Remonstrances.

D. JUAN.

Et bien.

SGANA.

Je veux sçavoir un peu vos pensées à fonds; est il possible que vous ne croyez point du tout au Ciel?

D. JUAN.

Laissons cela.

SGANA.

C'est à dire que non; & à l'enfer?

D. JUAN.

Eh.

SGANA.

Tout de mesme; & au Diable s'il vous plaist?

D. JUAN.

Ouy, ouy.

SGANA.

Aussy peu; ne croyez vous point l'autre vie?

D. JUAN.

Ah, ah, ah.

SGANA.

Voyla un homme que j'auray bien de la peine à convertir; & dites moy un peu, le Moyne bourru, qu'en croyez vous? eh!

D. JUAN.

La peste soit du fat.

SGANA.

Et voyla ce que je ne puis souffrir, car il n'y a rien de plus vray que le Moyne bourru; & je me ferois pendre pour celuy-là; mais encore faut il croire quelque chose dans le monde, qu'est-ce donc que vous croyez?

D. JUAN

COMEDIE.

D. JUAN.
Ce que je crois.

SGANA.
Ouy.

D. JUAN.
Je crois que deux & deux font quatre, Sganarelle & que quatre & quatre font huit.

SGANA.
Belle croyance, & les beaux articles de foy que voicy; vostre religion, à ce que je voy, est donc l'aritmetique; il faut avoüer qu'il se met d'estrange folie dans la teste des hommes, & que pour avoir estudié on est bien moins sage le plus souvent; pour moy, Mr. je n'ay point estudié comme vous, Dieu mercy, & personne ne se sçauroit vanter de m'avoir jamais rien appris; mais avec mon petit sens & mon petit jugement je voy les choses mieux que tous vos livres, & je comprens fort bien que ce monde, que nous voyons, n'est pas un champignon qui soit venu tout seul en une nuict. Je voudrois bien vous demander qui a fait ces orbes-là, ces rochers, cette terre; & ce Ciel que voylà là-haut, & si tout cela s'est basty de luy-mesme; vous voylà vous par exemple, vous estes là; est-ce que vous vous estes fait tout seul, & n'a-t-il pas fallu que vostre pere ait engrossé vostre mere pour vous faire ? pouvez vous veoir toutes ces inventions, dont la machine de l'homme est composée, sans admirer de quelle façon cela est agencé l'un dans l'autre? ces nerfs, ces os, ces veines, ces arteres, ces ... ce poumon, ce cœur, ce foye, & tous ces autres ingrediens qui sont là & qui ... ah Dame interrompés moy donc si vous voulez, je ne sçaurois disputer si l'on ne m'interrompt, vous vous taisez exprez, & me laissez parler par belle malice.

D. JUAN.
J'attends que ton raisonnement soit finy.

SGAN.
Mon Raisonnement est qu'il y a quelque chose d'admirable dans l'homme quoyque vous puissiez

B.7   dire

dire que tous les sçavans ne sçauroient expliquer ; cela n'est il pas merveilleux que me voylà Icy ? & que j'aye quelque chose dans la teste qui pense cent choses differentes en un moment, & fait de mon corps tout ce qu'il veut ! je veux frapper des mains, hausser le bras, lever les yeux au Ciel, baisser la teste, remuer les pieds, aller à droit, à gauche, en avant, en arriere, tourner, *il se laisse tomber en se tournant.*

D. JUAN.
Bon voyla ton raisonnement qui a le nés cassé.

SGAN.
Morbleu je suis bien sot de raisonner avec vous, croyez ce que vous voudrez, il m'importe bien que vous soyez damné.

D. JUAN.
Mais tout en raisonnant, je croy que nous sommes esgarés ; appelle un peu cet homme que voylà là-bas, pour luy demander le chemin.

SGAN.
Hola ho l'homme, ho mon compere, hó l'amy, un petit mot s'il vous plaist.

SCENE I.

D. JUAN, SGANARELLE, un POVRE.

SGANARELLE.
Enseigne nous un peu le chemin qui mene à la ville.

le POVRE.
Vous n'avez qu'à suivre cette route, Messieurs, & tournez à main droite quand vous serez au bout de la forest ; mais je vous donne avis que vous devez vous tenir sur vos gardes, & que depuis quelque temps il y a des voleurs icy autour.

D. JUAN.
Je te suis obligé mon amy, & je te rends graces de tout mon cœur.

COMEDIE. 39

le POVRE.
Si vous voulez me secourir, Monsieur de quelque aumosne.

D. JUAN.
Ah, ah, ton avis est interessé à ce que je vois.

le POVRE.
Je suis un Povre homme, Monsieur, retiré tout seul dans ce bois depuis plus de dix ans, & je ne manqueray pas de prier le Ciel qu'il vous donne toute sorte de biens.

D. JUAN.
Eh prie le Ciel qu'il te donne un habit, sans te mettre en penie des affaires des autres.

SGAN.
Vous ne connoissez pas Monsieur ce bon homme, il ne croit qu'en deux & deux sont quatre, & en quatre & quatre sont huit.

D. JUAN.
Quelle est ton occupation parmy ces arbres.

le POVRE.
De prier le Ciel tout le jour pour la prosperité des gens de bien qui me donnent quelque chose.

D. JUAN.
Il ne se peut donc pas que tu ne sois bien à ton aise?

le POVRE.
Helas, Monsieur, je suis dans la plus grande necessité du monde.

D. JUAN.
Tu te moques, un homme qui prie le Ciel tout le jour ne peut pas manquer d'estre bien dans ses affaires.

le PAVVRE.
Je vous asseure Monsieur que le plus souvent je n'ay pas un morceau de pain à mettre sous les dents.

D. JUAN.
Voylà qui est estrange, & tu és bien mal reconnu de tes soins; ah ah, je me'n vais te donner un louis d'or tout à l'heure pourveu que tu veuilles jurer.

Je

le POVRE.

Ah, Monſieur, voudriez vous que je commiſſe un tel peché ?

D. JUAN.

Tu n'as qu'à voir ſi tu veux gagner un louis d'or ou non, en voycy un que je te donne ſi tu jures, tiens, il faut jurer.

le POVRE.

Monſieur.

D. JUAN.

A moins de cela tu ne l'auras pas.

SGAN.

Va, va, jure un peu, il ny a pas de mal.

D. JUAN.

Prens, le voyla, prens te dis-je, mais jure donc.

le POVRE.

Non Monſieur, j'ayme mieux mourir de faim.

D. JUAN.

Va va, je te le donne pour l'amour de l'humanité, mais que vois-je là ? un homme attaqué par trois autres ! la partie eſt trop inegale, & je ne dois pas ſouffrir cette laſcheté.

SCENE III.

D. JUAN, D. CARLOS, SGANA.

SGANA.

Mon Maiſtre eſt un vray enragé d'aller ſe preſenter à un peril qui ne le cherche pas ; mais ma foy le ſecours a ſervy, & les deux ont fuitt.

D. CARLOS.

On voit par la fuite de ces voleurs de quel ſecours eſt voſtre bras, Monſieur ; que je vous rends grace d'une action ſi genereuſe & que....

D. JUAN.

Je n'ay rien fait, Monſieur, que vous n'euſſiez fait à ma place, noſtre propre honneur eſt intereſſé dans de pareilles avantures, & l'action de ces Coquins eſtoit ſi laſche que c'euſt eſté y prendre part

que

COMEDIE. 41

que de ne s'y pas opposer; mais par quelle rencontre vous estes vous trouvé entre leurs mains?

D. CARLOS.

Je m'estois par hazard écarté d'un frere & de tous ceux de nostre suite, & comme je cherchois à les rejoindre j'ay fait rencontre de ces voleurs qui dabord ont tué mon cheval, & qui sans vostre valeur en auroient fait autant de moy.

D. JUAN.

Vostre dessein est il d'aller du costé de la ville?

D. CARLOS.

Ouy, mais sans y vouloir entrer, & nous nous voyons obligez, mon frere & moy, à tenir la campagne pour une de ces fâcheuses affaires qui reduisent les Gentilshommes à se sacrifier eux & leur famille à la severité de leur honneur, puisque enfin le plus doux succez en est toujours funeste, & que si l'on ne quitte pas la vie on est contraint de quitter le Royaume, & c'est en quoy se trouve la condition d'un Gentilhomme malheureuse de ne pouvoir point s'assurer sur toute la prudence & toute l'honnesteté de sa condition, d'estre asservy par les loix de l'honneur au dereglement de la conduite d'autruy, & de voir sa vie, son repos & ses biens dependre de la fantaisie du premier temeraire qui s'avisera de luy faire une de ces injures pour qui un honneste homme doit perir.

D. JUAN.

On a cet avantage qu'on fait courir le mesme risque & passer mal aussy le temps, à ceux qui prennent fantaisie de nous venir faire une offence de gayeté de cœur; mais ne seroit-ce point une indiscretion, que de vous demander quelle peut estre vostre affaire?

D. CARLOS.

La chose en est aux termes de n'en plus faire de secret, & lors que l'injure a une fois esclaté nostre honneur ne va point à vouloir cacher nostre honte, mais à faire eclater nostre vengeance & à publier mesme le dessein que nous en avons; ainsi, Monsieur,

sieur, je ne feindray point de vous dire que l'offence que nous cherchons à vanger, est une sœur seduite & enlevée d'un convent, & que l'auteur de cette offence est un D. Juan Tenorio, fils de D. Cores Tenorio; nous le cherchons depuis quelques jours & nous l'avons suivy ce matin sur le rapport d'un valet qui nous a dit qu'il sortoit à cheval accompagné de quatre ou cinq, & qu'il avoit pris le long de ce costé, mais tous nos soins ont esté inutiles & nous n'avons pû decouvrir ce qu'il est devenu.

D. JUAN.

Le connoissez vous, Monsieur, ce D. Juan, dont vous parlez?

D. CARLOS.

Non, quant à moy je ne l'ay jamais veu, & je l'ay seulement ouï depeindre à mon frere; mais la Renommée n'en dit pas force bien, & c'est un homme dont la vie.

D. JUAN.

Arrestez, Monsieur, s'il vous plaist; il est un peu un de mes amis, & ce seroit à moy une espece de lâcheté que d'en ouïr dire du mal.

D. CARLOS.

Pour l'amour de vous, Monsieur, je n'en diray rien du tout, & c'est bien la moindre chose que je vous doive, aprés m'avoir sauvé la vie, que de me taire devant vous d'une personne que vous connoissez, lorsque je ne puis en parler sans en dire du mal; mais quelque amy que vous luy soyez, j'oze esperer que vous n'approuverez pas son action, & ne trouverez pas estrange que nous cherchions d'en prendre la vengeance.

D. JUAN.

Au contraire, je vous y veux servir, & vous épargner des soins inutiles; je suis amy de D. Juan, je ne puis pas m'en empescher, mais il n'est pas raisonnable qu'il offence des Gentilshommes impunement, je m'engage à vous faire faire raison par luy.

D. CARLOS.

Et quelle raison peut on faire à ces sortes d'injures.

D.

COMEDIE. 43

D. JUAN.

Toute celle que voſtre honneur peut ſouhaiter, & ſans vous donner la peine de chercher D. Juan davantage, je m'oblige à le faire trouver au lieu que vous voudrez & quand il vous plaira.

D. CARLOS.

Cet eſpoir eſt bien doux, Monſieur, à des cœurs offencez ; mais apres ce que je vous dois ce me ſeroit une trop ſenſible douleur que vous fuſſiez de la partie.

D. JUAN.

Je ſuis ſi attaché à D. Iuan qu'il ne ſçauroit ſe battre que je ne me batte auſſy, mais enfin j'en répons comme de moy-meſme, & vous n'avez qu'à dire quand vous voulez qu'il paroiſſe & vous donne ſatisfaction.

D. CARLOS.

Que ma deſtinée eſt cruelle ! faut il que je vous doive la vie, & que D. Juan ſoit de vos amis !

SCENE IV.

D. ALONSE, & trois Suivans, D. CARLOS, D. JUAN, SGANARELLE.

D. ALONSE.

FAites boire là nos chevaux, & qu'on les amene aprés nous, je veux un peu marcher à pied. O Ciel que vois-je icy ! quoy, mon frere, vous voyla avec noſtre ennemy mortel !

D. JUAN.

Oüy je ſuis D. Juan moy-meſme, & l'avantage du nombre ne m'obligera pas à vouloir deguiſer mon nom.

D. ALONSE.

Ah traiſtre, il faut que tu periſſes &...

D. CARLOS.

De grace, mon frere.

D. ALONSE.

Tous les diſcours ſont ſuperflux, il faut qu'il meure.

D. CARLOS.

Arreſtez vous dis-je, mon frere, je ne ſouffriray point du tout qu'on attaque.... & je jure le Ciel que je le deffendray icy contre qui que ce ſoit, je ſçauray luy faire un rempar de cette meſme vie qu'il a ſauvée, & pour arreſter vos coups il faudra que vous me perciés.

D. ALONSE.

Quoy, vous prenez le party de noſtre ennemy contre moy? & loin d'eſtre ſaiſy, à ſon aſpect, des meſmes tranſports que je ſens, vous faites voir pour luy des ſentimens pleins de douceur?

D. CARLOS.

Mon frere, montrons de la moderation dans une action legitime, & ne vangeons point noſtre honneur avec cet emportement que vous teſmoignés; ayons du cœur dont nous ſoyons les maiſtres, une valeur qui n'ait rien de farouche, & qui ſe porte aux choſes par une pure deliberation de noſtre raiſon, & non point par le mouvement d'une aveugle colere; je ne veux point mon frere demeurer redevable à mon ennemy, & je luy ay une obligation dont il faut que je m'aquitte avant toute choſe : noſtre vangeance, pour eſtre differée n'en ſera pas moins eclatante, au contraire elle en tirera de l'avantage, & cette occaſion de l'avoir peu prendre, la fera paroiſtre plus juſte aux yeux de tout le monde.

D. ALONSE.

Ah l'eſtrange foibleſſe, & l'aveuglement effroyable de hazarder ainſy les interets de ſon honneur pour la ridicule penſée d'une obligation chimerique!

D. CARLOS.

Non mon frere, ne vous mettez pas en peine, ſi je fais une faute, je ſçauray la reparer ; je me charge de tout le ſoin de noſtre honneur, je ſçais à quoy il nous oblige, & cette ſuſpenſion d'un jour que ma reconnoiſſance luy demande, ne fera qu'augmenter l'ardeur que j'ay de le ſatisfaire. D. Juan, vous voyez que j'ay ſoin de vous rendre le bien que
j'ay

j'ay receu de vous, & vous pouvés par là juger du reſte, & croire que je m'acquitte avec meſme chaleur de tout ce que je dois, & que je ne feray pas moins exact à vous payer l'injure que le bienfait; je ne veux point vous obliger à m'expliquer icy vos ſentimens, & je vous donne la liberté de penſer à loiſir aux reſolutions que vous avez à prendre; vous connoiſſez aſſés la grandeur de l'offence que vous nous avez faites, & je vous fais juge vous-meſme des reparations qu'elle demande: il eſt des moyens doux pour nous ſatisfaire, il en eſt de violens & ſanglants; mais enfin, quelque choix que vous faſſiés, vous m'avez donné parole de me faire faire raiſon par D. Juan, ſongez à me la tenir je vous prie, & vous reſſouvenez que hors d'icy je ne dois plus qu'à mon honneur.

D. JUAN.

Je n'ay rien exigé de vous, & je vous tiendray ce que j'ay promis.

D. CARLOS.

Allons, mon frere, un moment de douceur ne fait aucune injure à la ſeverité de noſtre devoir.

SCENE V.

D. JUAN, SGANARELLE.

D. JUAN.

Holà, ho, Sganarelle.

SGAN.

Plaiſt il.

D. JUAN.

Comment coquin, tu fuis quand on m'attaque?

SGAN.

Pardonnez moy, Monſieur, je viens ſeulement d'icy prés, je crois que cet habit eſt purgatif, & que c'eſt prendre Medecine que de le porter.

D. JUAN.

Peſte ſoit l'inſolent, couvre au moins ta poultronnerie d'un voile plus honneſte; ſçais tu bien que

que celuy à qui j'ay sauvé la vie est assés honneste homme, il en a bien usé, & j'ay regret d'avoir du demeslé avec luy.

SGAN.

Il vous seroit aisé de pacifier toute chose.

D. JUAN.

Ouy, mais ma passion est pour D. Elvire & l'engagement ne compatit point avec mon humeur; j'ayme la liberté en amour, tu le sçais, & je ne sçaurois me resoudre à renfermer mon cœur entre quatre murailles, je te l'ay dit vingt fois, j'ay une pente naturelle à me laisser aller à tout ce qui m'attire, mon cœur est à toutes les belles, & c'est à elles à le prendre tour à tour, & à le garder tant qu'elles pourront; mais quel est le superbe edifice que je vois entre ces arbres.

SGAN.

Vous ne le sçavez pas ?

D. JUAN.

Non vraymént.

SGAN.

Bon, c'est le tombeau que le Commandeur faisoit faire lorsque vous le tuates.

D. JUAN.

Ah, tu as raison, je ne songeois pas que c'estoit de ce costé qu'il estoit, tout le monde m'a dit des merveilles de cet ouvrage, aussi bien que de la statue du Commandeur, & j'ay envie de l'aller voir.

SGAN.

Monsieur, n'allez point là.

D. JUAN.

Pourquoy ?

SGAN.

Cela n'est pas civil d'aller voir un homme que vous avés tué.

D. JUAN.

Au contraire, c'est une visite dont je luy veux faire civilité, & qu'il doit recevoir de bonne grace, s'il est galant homme ; allons, entrons dedans.

SGAN.

SGAN.

Ah, que cela eſt beau, les belles ſtatues! le beau marbre, les beaux Pilliers! ah, que cela eſt beau, qu'en dites vous Monſieur?

D. JUAN.

Qu'on ne peut voir aller plus loing l'ambition d'un homme mort, & ce que je trouve d'admirable c'eſt qu'un homme qui s'eſt paſſé durant ſa vie d'une aſſés ſimple demeure, en veuille avoir une ſi magnifique quand il n'en a plus que faire.

SGAN.

Voyla la ſtatue du Commandeur.

D. JUAN.

Parbleu le voyla beau, avec ſon habit d'Empereur Romain.

SGAN.

Ma foy Monſieur voyla qui eſt bien fait, il ſemble qu'il eſt en vie, & qu'il s'en va parler; il jette des regards ſur nous qui me feroient peur ſi j'eſtois tout ſeul, & je penſe qu'il ne prend pas plaiſir à nous voir.

D. JUAN.

Il auroit tort, & ce ſeroit mal recevoir l'honneur que je luy fais; demande luy s'il veut venir ſouper avec nous.

SGAN.

C'eſt une choſe dont il n'a pas beſoin je crois.

D. JUAN.

Demande luy te dis-je.

SGAN.

Vous moquez vous? ce ſeroit eſtre fou que d'aller parler à une ſtatuë.

D. JUAN.

Fay ce que je te dis.

SGAN.

Quelle bizarrerie? Seigneur je ris de ma ſotiſe; mais c'eſt mon Maiſtre qui me la fait faire; Seigneur Commandeur, mon Maiſtre D. Iuan vous demande ſi vous voulez luy faire l'honneur de venir ſouper avec luy.... ah.

Qu'eſt-ce ? qu'as-tu ? dy donc ? veux tu parler ?
SGAN.
La ſtatuë.
D. JUAN.
Et bien, que veux tu dire, traitre ?
SGAN.
Je vous dis que la ſtatuë.
D. JUAN.
Et bien la ſtatuë, je t'aſſomme ſi tu ne parles.
SGAN.
La ſtatuë m'a fait Signe.
D. JUAN.
La peſte le Coquin.
SGAN.
Elle m'a fait ſigne vous dis-je, il n'eſt rien de plus vray, allez vous-en-luy parler vous-meſme pour veoir, peut-eſtre.
D. JUAN.
Viens, maraut, viens, je te veux bien faire toucher au doigt ta Poltronnerie, prends garde; Le Seigneur Commandeur voudroit il venir ſouper avec moy ?
SGAN.
Je ne voudrois pas en tenir dix piſtolles, eh bien, Monſieur ?
D. JUAN.
Allons, ſortons d'icy.
SGAN.
Voyla de mes eſprits forts qui ne veulent rien croire.

Fin du troiſieme Acte.

ACTE QUATRIEME,
SCENE I.
D. JUAN, SGANARELLE.
D. JUAN.

Quoy qu'il en soit laissons cela, c'est une bagatelle, & nous pouvons avoir esté trompez par un faux jour, ou surpris de quelque vapeur qui nous ait troublé la veuë.

SGAN.

Ah, Monsieur, ne cherchons point à dementir ce que nous avons veu des yeux que voyla; il n'est rien plus veritable que ce signe de teste, & je ne doute point que le Ciel scandalisé de vostre vie n'ait produit ce miracle pour vous convaincre, & pour vous retirer de :...

D. JUAN.

Ecoute, si tu m'importunes davantage de tes sottes moralités, si tu me dis encore le moindre mot là-dessus, je vais appeller quelqu'un, demander un nerf de bœuf, te faire tenir par trois ou quatre, & te rouer de mille coups; m'entens tu bien?

SGAN.

Fort bien, Monsieur, le mieux du monde; vous vous expliqués clairement; c'est ce qu'il y a de bon en vous, que vous ne m'allés point chercher des tours, vous dites les choses avec une netteté admirable.

D. JUAN.

Allons, qu'on me fasse souper le plustost qu'on pourra, une chaize, petit garçon.

SCENE II.
D. JUAN, LA VIOLETTE, SGANAR.
LA VIOLETTE.

Monsieur, voyla vostre marchand, Monsieur Dimanche, qui demande à vous parler.

SGAN.

SGAN.

Bon, voyla ce qu'il nous faut, qu'un compliment de creancier ; de quoy s'avise-t-il de nous venir demander de l'argent, & que ne luy disois-tu que Monsieur n'y est pas ?

LA VIOLETE.

Il y a trois quarts d'heure que je luy dis. Il ne veut pas me croire, & s'est assis là-dedans pour attendre.

SGAN.

Qu'il attande tant qu'il voudra.

D. JUAN.

Non, au contraire, faites le entrer, c'est une fort mauvaise politique que de se faire celer aux creanciers ; il est bon de les payer de quelque chose, & j'ay le secret de les renvoyer satisfaits sans leur donner un double.

SCENE III.

D. JUAN, Mr. DIMANCHE, SGANARELLE, Suite.

D. JUAN.

AH, Monsieur Dimanche, approchés ; que je suis ravy de vous veoir, & que je veux de mal à mes gens de ne vous pas faire entrer dabord ; j'avois donné ordre qu'on ne me fist parler à personne, mais cet ordre n'est pas pour vous, & vous estes en droit de me trouver jamais de porte fermée chez moy.

Mr. DIMAN.

Monsieur je vous suis bien obligé.

D. JUAN.

Parbleu, Coquins, je vous apprendray à laisser Mr. Dimanche dans une antichambre, & je vous feray connoistre les gens.

Mr. DIMAN.

Monsieur, cela n'est rien.

D. JUAN.

Comment ? vous dirés que je n'y suis pas à Mr. Dimanche, au meilleur de mes amis ?

Mr.

Mr. DIMAN.

Monsieur, je suis vostre serviteur ; j'estois venu.

D. JUAN.

Allons, viste, un siege pour Mr. Dimanche.

Mr. DIMAN.

Monsieur, je suis bien comme cela.

D. JUAN.

Point, point, je veux que vous soyez assis comme moy.

Mr. DIMAN.

Cela n'est pas necessaire.

D. JUAN.

Ostez ce pliant, & apportez un fauteuil.

Mr. DIMAN.

Monsieur, vous vous mocqués &...

D. JUAN.

Non, non, je sçay ce que je vous dois, & je ne veux point qu'on mette de difference entre nous deux.

SGAN.

Allons assoyez vous.

Mr. DIMAN.

Ce n'est pas besoin Mr. & je n'ay qu'un mot à vous dire. J'estois...

D. JUAN.

Mettez vous là vous dis-je.

Mr. DIMAN.

Non, Monsieur, je suis bien, je viens pour.

D. JUAN.

Non, je ne vous écoute point si vous n'estes assis.

Mr. DIMAN.

Monsieur, je fais ce que vous voulez, je...

D. JUAN.

Parbleu, Monsieur Dimanche, vous vous portez bien.

Mr. DIMAN.

Ouy Monsieur, pour vous rendre service; je suis venu...

D. JUAN.

Vous avez un fond de santé admirable, des levres fresches, un teint vermeil, & des yeux vifs.

Mr. DIMAN.
Je voudrois bien…
D. JUAN.
Comment se porte Madame Dimanche vostre espouse?   Mr. DIMAN.
Fort bien Monsieur Dieu mercy.
D. JUAN.
C'est une brave femme.
Mr. DIMAN.
Elle est vostre servante Mr. je venois…
D. JUAN.
Et vostre petite fille Claudine, comment se porte-t-elle?
Mr. DIMAN.
Le mieux du monde.
D. JUAN.
La Jolie petite fille que c'est, je l'ayme de tout mon cœur.
Mr. DIMAN.
C'est trop d'honneur que vous luy faites Monsr. je vous…
D. JUAN.
Et le petit Colin fait toujours bien du bruit avec son tambour?
Mr. DIMAN.
Toujours de mesme Monsieur, je…
D. JUAN.
Et vostre petit chien brusquet, gronde-t-il toujours aussy fort, & mord il toujours bien aux jambes les gens qui vont chez vous?
Mr. DIMAN.
Plus que jamais Monsieur, & vous ne sçauriez en chevir.   D. JUAN.
Ne vous etonnés pas, si je m'informe des nouvelles de vostre famille, car j'y prens beaucoup d'interest.
Mr. DIMAN.
Nous vous sommes, Mr. infiniment obligez;
D. JUAN.
Touchés donc là Mr. Dimanche, estes vous bien de mes amis?

Mr.

COMEDIE.

Mr. DIMAN.
Monsieur, je suis vostre serviteur.

D. JUAN.
Parbleu je suis à vous de tout mon cœur.

Mr. DIMAN.
Vous m'honorés trop Mr. Je...

D. JUAN.
Il n'y a rien que je ne fasse pour vous.

Mr. DIMAN.
Monsieur, vous avez trop de bonté pour moy.

D. JUAN.
Et cela sans interest, je vous prie de le croire.

Mr. DIMAN.
Je n'ay point merité cette grace, Monsieur, mais Monsieur...

D. JUAN.
Oh ça, sans façon, Mr. Dimanche, voulez vous souper avec moy?

Mr. DIMAN.
Non Monsieur, il faut que je m'en retourne à l'heure.

D. JUAN.
Allons, viste, un flambeau pour conduire Monsr. Dimanche, & que quatre ou cinq de mes gens prennent des mousquetons pour l'escorter.

Mr. DIMAN.
Il n'est pas necessaire, & je m'en iray bien tout seul. Mais.....

D. JUAN.
Comment? je veux que l'on vous escorte, & je m'interesse trop à vostre personne, je suis vostre serviteur, & de plus vostre debiteur.

Mr. DIMAN.
Ah Monsieur!

D. JUAN.
C'est une chose que je ne cache pas, & je le dis à tout le monde.

Mr. DIMAN.
Si.

D. JUAN.
Voulez vous que je vous reconduise.

Mr. DIMAN.

Ah Mr., vous vous mocquez. Mais...

D. JUAN.

Embrassez moy donc, s'il vous plait ; je vous prie encore une fois d'estre persuadé que je suis tout à vous, & qu'il n'y a rien au monde que je ne fasse pour vostre service.

SGAN.

Il faut avouer que vous avez en Monsieur un homme qui vous ayme bien.

Mr. DIMAN.

Il est vray, il me fait tant de civilités, & tant de complimens que je ne luy sçaurois jamais demander de l'argent.

SGAN.

Je vous asseure que toute la maison periroit pour vous, & je voudrois qu'il vous arrivast quelque chose, que quelqu'un s'avisast de vous donner des coups de baston, vous verriez de quelle maniere.

Mr. DIMAN.

Je le croy; mais Sganarelle, je vous prie de luy dire un petit mot de mon argent.

SGAN.

Oh ne vous mettés pas en peine, il vous payra le mieux du monde.

Mr. DIMAN.

Mais vous, Sganarelle, vous me devez quelque chose en vostre particulier.

SGAN.

Fy, ne parlez pas de cela.

Mr. DIMAN.

Comment. Je...

SGAN.

Ne sçay-je pas bien que je vous dois.

Mr. DIMAN.

Ouy, Mais...

SGAN.

Allons Mr. Dimanche, je vais vous éclairer.

Mr. DIMAN.

Mais mon argent?

SGAN.

COMEDIE. 55

SGAN.
Vous moquez vous?

Mr. DIMAN.
Je veux.

SGAN.
Eh.

Mr. DIMAN.
J'entens.

SGAN.
Bagatelles.

Mr. DIMAN.
Mais.

SGAN.
Fy.

Mr. DIMAN.
De.

SGAN.
Fy vous dis-je.

SCENE IV.
D. LOUIS, D. JUAN, SGANA. LA VIOLETTE.

LA VIOLETTE.
MR. voyla Monsieur vostre Pere.

D. JUAN.
Ah me voicy bien ! il me falloit cette visite pour me faire enrager.

D. LOUIS.
Je voy bien que je vous embarrasse, & que vous vous passeriez fort aysement de ma venue : à dire vray nous nous incommodons estrangement l'un l'autre, & si vous estes las de me veoir, je suis bien las aussy de vos deportemens ; helas ! que nous sçavons peu ce que nous faisons, quand nous ne laissons pas au Ciel le soin des choses qu'il nous donne, quand nous voulons estre plus avisés que luy, & que nous venons à l'importuner par nos souhaits aveugles & nos demandes inconsiderées !

C 4   j'ay

j'ay souhaitté un fils avec des ardeurs nompareilles, je l'ay demandé sans relâche avec des transports incroyables ; & ce fils, que j'obtiens en fatiguant le Ciel de vœux, est le chagrin & le supplice de cette mesme vie dont je croyois qu'il devoit estre la joye & la consolation : De quel œil, à vostre avis, pensés vous que je puisse voir cet amas d'actions indignes, dont on a peine aux yeux du monde d'adoucir le mauvais visage ? cette suite continue de méchans affaires, qui nous reduisent à toute heure à lasser la bonté du Souverain, & qui ont espuisé auprés de luy le merite de mes services & le credit de mes amys ? ah quelle bassesse est la vostre ! ne rougissez vous point de meriter si peu vostre naissance ; estes vous en droit, dites moy, d'en tirer quelque vanité ? & qu'avez vous fait dans le monde pour estre Gentilhomme ? croyez vous qu'il suffise d'en porter le nom & les armes, & que ce nous soit une gloire d'estre sorti d'un sang noble, lors que nous vivons en infames ? non, non, la naissance n'est rien où la vertu n'est pas ; ainsy nous n'avons part à la gloire de nos ancestres qu'autant que nous nous efforçons de leur ressembler, & cet éclat de leurs actions qu'ils répandent sur nous, nous impose un engagement de leur faire le mesme honneur, de suivre les pas qu'ils nous tracent, & de ne point degenerer de leurs vertus, si nous voulons estre estimez leurs veritables descendans. Ainsy vous descendez en vain des ayeux dont vous estes né, ils vous desavouent pour leur sang, & tout ce qu'ils ont fait d'illustre ne vous donne aucun avantage ; au contraire l'esclat n'en rejaillit sur nous qu'à nostre deshonneur, & leur gloire est un flambeau qui éclaire aux yeux d'un chacun la honte de vos actions. Apprenés encore qu'un Gentilhomme qui vit mal, est un monstre dans la nature, que la vertu est le premier titre de noblesse, que je regarde bien moins au nom qu'on signe, qu'aux actions qu'on fait, & que je ferois plus d'estat d'un fils d'un crocheteur qui seroit honneste homme, que du fils d'un Monarque qui vivroit comme vous. D.

COMEDIE

D. JUAN.

Monsieur, si vous estiez assis, vous en seriez bien mieux pour parler.

D. LOUIS.

Non, insolent, je ne veux point m'asseoir ny parler davantage, & je vois bien que toutes mes paroles ne font rien sur ton ame ; mais sçache, fils indigne, que la tendresse paternelle est poussée à bout par tes actions, que je sçauray pluftost que tu ne penses mettre cette borne à tes dereglemens, prevenir sur toy le courroux du Ciel, & laver par ta punition la honte de t'avoir fait naistre.

SCENE V.

D. JUAN, SGANARELLE.

D. JUAN.

EH mourez, le pluftost que vous pourrez ; c'est le mieux que vous puissiez faire ; il faut que chacun vive son tour, & j'enrage de voir que des Peres vivent autant que leurs fils.

SGAN.

Ah Monsieur, vous avez tort.

D. JUAN.

J'ay tort.

SGAN.

Monsieur.

D. JUAN.

J'ay tort.

SGAN.

Ouy Monsr. vous avez tort, d'avoir souffert ce qu'il vous a dit, & vous le deviez mettre dehors par les espaules ; a-t-on jamais rien veu de plus impertinent ? un pere venir faire des remontrances à son fils, & luy dire de corriger ses actions, de se resouvenir de sa naissance, de mener une vie d'honneste homme, & cent autres sottises de pareille nature ; cela se peut-il souffrir à un homme comme vous qui sçavez comme il faut vivre ? j'admire vostre

tre patience, & si j'avois esté en vostre place, je l'aurois envoyé promener; *O complaisant maudit, à quoy me reduis tu?*

D. JUAN.

Me fera-t-on souper bientost?

SCENE VI.

D. JUAN. D. ELVIRE, RAGOTIN, SGANARELLE.

RAGOTIN.

Monsieur, voyci une Dame voylée qui vient vous parler.

D. JUAN.

Que pourroit-ce estre?

SGAN.

Il faut veoir.

D. ELVIRE.

Ne soyez point surpris D. Juan de me voir à cette heure, & dans cet equipage; C'est un motif pressant qui m'oblige à cette visite, & ce que j'ay à vous dire ne veut point du tout de retardement; je ne viens point ici pleine de courroux, que j'ay tantost fait éclater, & vous me voyez bien changée de ce que j'estois ce matin; ce n'est plus cette D. Elvire qui faisoit des vœux contre vous, & dont l'ame irritée ne jettoit que menaces, & ne respiroit que vangeance: le Ciel a banni de mon ame toutes ces indignes ardeurs que je sentois pour vous, tous ces transports tumultueux d'un attachement criminel, tous ces honteux emportemens d'un amour terestre, & grossier; & il n'a laissé dans mon cœur pour vous, qu'une flamme espurée de tout le commerce des sens, une tendresse toute sainte, un amour detaché de tout, qui n'agit point pour soy, & ne se met en peine que de vostre interest.

D. JUAN *à Sgana.*

Tu pleures, je pense?

SGAN.

Pardonnés moy.

D.

D. ELVIRE.

C'eſt ce parfait & pur amour qui me conduit icy pour voſtre bien, pour vous faire part d'un avis du Ciel, & taſcher de vous retirer du precipice où vous courez; ouy D. Juan je ſçay tous les dereglemens de voſtre vie, & ce meſme Ciel qui m'a touché le cœur, & fait jetter les yeux ſur les eſgaremens de ma conduite, m'a inſpiré de vous venir trouver, & de vous dire de ſa part, que vos offences ont eſpuiſé ſa miſericorde, que ſa colere redoutable eſt preſte de tomber ſur vous, qu'il eſt en vous de l'eviter par un prompt repentir; & que peut-eſtre vous n'avez pas encore un jour à vous, pour vous ſouſtraire au plus grand de tous les malheurs; pour moy je ne tiens plus à vous par un attachement du monde, je ſuis revenuë, grace au Ciel, de toutes mes folles penſées; ma retraite eſt reſoluë & je ne demande qu'aſſés de vie pour pouvoir expier la faute que j'ay faite, & meriter, par une auſtere penitence, le pardon de l'aveuglement où m'ont plongée les tranſports d'une paſſion condamnable: mais dans cette retraite j'auray une douleur extrême qu'une perſonne, que j'ay cherie tendrement, devinſt un exemple funeſte de la juſtice du Ciel, & ce me ſera une joye incroyable, ſi je puis vous y porter & détourner de deſſus voſtre teſte l'epouvantable coup qui vous menace. De grace D. Juan accordés moy pour derniere faveur cette douce conſolation, ne me refuſez point voſtre ſalut, que je vous demande avec larmes; & ſi vous n'eſtes point touché de voſtre intereſt, ſoyez le au moins de mes prieres, & m'eſpargnez le cruel deplaiſir de vous voir condamné à des ſupplices eternels.

SGAN.

Pôvre femme.

D. ELVIRE.

Je vous ay aymé avec une tendreſſe extreme, rien au monde ne m'a eſté ſi cher que vous, j'ay oublié mon devoir pour vous, j'ay fait toutes choſes pour vous; Et toute la recompenſe que je vous demande c'eſt c'est de corriger vostre vie, & de prevenir vostre perte. Sauvez vous je vous prie, ou pour l'amour de moy, ou pour l'amour de vous. Encore une fois D. Juan, je vous le demande avec larmes, & si ce n'est assés des larmes d'une personne que vous avez aymée, je vous en conjure par tout ce qu'il y a de plus capable pour vous toucher

SGAN.

Cœur de tygre.

D. ELVIRE.

Je m'en vais aprés ces discours, & voyla tout ce que j'avois à vous dire.

D. JUAN.

Madame il est tard, demeurés icy, on vous y logera le mieux que l'on pourra.

D. ELVIRE.

Non D. Juan, ne me retenés pas davantage.

D. JUAN.

Madame, vous me ferés plaisir de demeurer icy, je vous asseure.

D. ELVIRE.

Non vous dis-je, ne perdons point de tems en discours superflux, laissés-moy viste aller, ne faites aucune instance pour me conduire, & songés seulement à profiter de mon avis.

SCENE VII.

D. JUAN, SGANARELLE, Suite.

D. JUAN.

Sçais-tu bien que j'ay encore senty quelque peu d'émotion pour elle, que j'ay trouvé de l'agrément dans cette nouveauté bizarre, & que son habit negligé, son air languissant & ses larmes ont reveillé en moy quelques petits restes de feu esteint?

SGAN.

C'est à dire que ces paroles n'ont fait aucun effect sur.   D. JUAN.

Viste, à Toupet.

SGAN.

SGAN.

Fort bien.

D. JUAN.

Sgana. Il faut songer à s'amender pourtant.

SGAN.

Ouyda

D. JUAN.

Ouy ma foy, il faut s'amender encor vingt ou trente ans de cette vie-cy, & puis nous songerons à nous.

SGAN.

Eh.

D. JUAN.

Qu'en dis tu ?

SGAN.

Rien, voyla le soupé.

Il prend un morceau d'un des plats & le met à sa bouche.

D. JUAN.

Il semble que tu as la joue enflée ; qu'est-ce que c'est, parle donc, qu'as-tu là ?

SGAN.

Rien.

D. JUAN.

Montre un peu, parbleu c'est une fluxion qui luy est tombée sur la joue, vite une lancette pour percer cela, le pôvre garçon n'en peut plus, cet abcez le pourroit estoufer, attends voycy comme il estoit meur, ah coquin que vous estes.

SGAN.

Ma foy Monsieur je voulois voir si vostre cuisinière n'avoit point mis trop de sel ou trop de poivre.

D. JUAN.

Allons mets toy là, mange, j'ay affaire de toy quand j'auray soupé, tu as faim à ce que je vois.

SGAN.

Je le croy Monsieur, je n'ay point mangé depuis le matin, tastés de cela, voyla qui est le meilleur du monde, mon assiete, mon assiete, tout doux s'il vous plaist, vertubleu petit compere que vous estes

C 7 habile.

habile à donner des assietes, & vous petit La Violette que vous sçavez presenter à boire à propos.

D. JUAN.
Qui peut fraper de cette sorte?

SGAN.
Qui Diable nous vient troubler dans nostre repas?

D. JUAN.
Je veux souper en repos au moins, & qu'on ne laisse entrer personne.

SGAN.
Laissés moy faire, je m'y en vais moy-mesme.

D. JUAN.
Qu'est-ce donc, qui a-t-il là.

SGAN. *baissant la teste.*
Le... qui est là.

D. JUAN.
Allons voir, & montrons que rien ne sçauroit ébranler.

SGAN.
Ah pôvre Sganarelle! où te cacheras tu?

SCENE VIII.
D. JUAN, LA STATUE du Commandeur SGANAR. Suite.

D. JUAN.
Une chaire & un couvert, viste donc, allons, mets toy à table.

SGAN.
Monsieur, je n'ay plus de faim.

D. JUAN.
Mets toy là te dis-je, à boire à la Santé du Commandeur, je te la porte Sganarelle, qu'on luy donne du vin.

SGAN.
Monsieur je n'ay pas soif.

D. JUAN.
Bois, & chante la chanson pour regaler le Commandeur.

SGAN.

COMEDIE. 63

SGAN.

Je suis enrheumé Mr.

D. JUAN.

Il n'importe, allons, vous autres venez accompagnez sa voix.

LA STATUE.

D. Juan, c'est assés, je vous invite à venir demain souper avec moy, en aurez vous le courage ?

D. JUAN.

Ouy j'iray accompagné du seul Sganarelle.

SGAN.

Je vous rends grace, il est demain jeune pour moy.

D. JUAN à Sgana.

Prens ce flambeau.

LA STATUE.

On n'a pas besoin de lumieres quand on est conduit par le Ciel.

Fin du Quatrieme Acte.

ACTE CINQUIEME.

SCENE I.

D. LOUIS, D. JUAN, SGANA.

D. LOUIS.

Quoy, mon fils, seroit il possible que la bonté du Ciel eust exaucé mes vœux? ce que vous me dites est il bien vray? ne m'abusés vous point d'un faux espoir, & puis-je prendre quelque asseurance sur la nouveauté surprenante d'une telle conversion?

D. JUAN.

Ouy, vous me voyez revenu de toutes mes erreurs, je ne suis plus le mesme d'hier au soir, & le Ciel tout d'un coup a fait un changement qui va surprendre
tout

tout le monde, il a touché mon ame & deffillé mes yeux, & je regarde avec horreur le long dereglement où j'ay efté, & les defordres criminels de la vie que j'ay menée; j'en repaffe dans mon efprit toutes les abominations, & m'etonne comme le Ciel les a peu fouffrir fi long tems, & n'a pas vingt fois fur ma tefte laiffé tomber les coups de fa juftice redoutable; je vois les graces que fa bonté m'a faites en ne puniffant point mes crimes, & je pretens en profiter comme je dois, faire eclater aux yeux de tout le monde un foudain changement de vie, reparer le fcandale de mes actions paffées, & m'efforcer d'en obtenir du Ciel une plaine remiffion; c'eft à quoy je vay travailler, & je vous prie, Monfieur, de vouloir bien contribuer à ce deffein, & de m'ayder vous-mefme à faire un choix d'une perfonne qui me ferve de guide, & fous la conduite de qui je puiffe marcher feurement dans le chemin où je vais entrer.

D. LOUIS.

Ah mon fils, que la tendreffe d'un pere eft facilement rappellée, & que les offenfes d'un fils s'evanouiffent vifte au moindre mot de repentir! je ne me fouviens plus déja de tous les deplaifirs que vous m'avés donnés, & tout eft effacé par les paroles que vous venez de me faire entendre; je ne me fens pas, je l'avoué, je jette des larmes de joye, tous mes vœux font fatisfaits, & je n'ay plus rien deformais à demander au Ciel; embraffez moy & perfiftez je vous conjure dans cette louable penfée; pour moy je m'en vay tout de ce pas porter l'heureufe nouvelle à voftre mere, partager avec elle les doux tranfports de raviffement où je fuis, & rendre grace au Ciel des faintes refolutions qu'il a daigné vous infpirer.

SCENE II.

D. JUAN, SGANARELLE.

SGANARELLE.

AH Monfieur! que j'ay de joye de vous voir converti; il y a long temps que j'attendois cela, & voyla.

voyla, grace au Ciel, tous mes souhaits accomplis.
D. JUAN.
La peste le benest.
SGAN.
Comme, le benest.
D. JUAN.
Quoy, tu prens pour de bon argent ce que je viens de dire, & tu crois que ma bouche est d'accord avec mon cœur?
SGAN.
Quoy? ce n'est pas ... vous re.... vostre... eh quel homme, quel homme, quel homme!
D. JUAN.
Non, non, je ne suis point changé, & mes sentimens sont toujours les mesmes.
SGAN.
Vous ne vous rendez pas sur la surprenante merveille de cette Satuë mouvante & parlante?
D. JUAN.
Il y a bien quelque chose là-dedans que je ne comprens pas; mais quoy que ce puisse estre, cela n'est pas capable ny de convaincre mon esprit ny d'esbranler mon ame, & si j'ay dit que je voulois corriger ma conduite, & me jetter dans un train de vie exemplaire, c'est un dessein que j'ay formé par politique, un stratageme utile, une grimace necessaire où je veux me contraindre pour en menager un pere dont j'ay besoin, & me mettre à couvert du costé des hommes de cent fascheuses avantures qui pourroient m'arriver; je veux bien Sgana. t'en faire confidence, & je suis bien-aise d'avoir un tesmoin du fond de mon ame, & des veritables motifs qui m'obligent à faire les choses.
SGAN.
Quoy, vous ne croyez rien du tout, & vous voulez cependant vous eriger en homme de bien?
D. JUAN.
Eh pourquoy non? il y en a tant d'autres comme moy, qui se melent de ce mestier, & qui se servent du mesme masque pour abuser le monde.
SGAN.

SGAN.
Ah quel homme ! quel homme !
D. JUAN.
Il n'y a plus de honte maintenant à cela, l'hypocrisie est un vice à la mode, & tous les vices à la mode passent pour des vertus, le personnage d'homme de bien est le meilleur de tous les personnages qu'on puisse jouer, aujourd'huy la profession d'hypocrite a de merveilleux avantages, c'est un art de qui l'imposture est tousjours respectée, & quoy qu'on la decouvre on n'oze rien dire contre elle, tous les autres vices des hommes sont exposés à la censure, & chacun a la liberté de les attaquer hautement, mais l'hypocrisie est un vice privilegié qui de sa main ferme la bouche à tout le monde, & joüit en repos d'une impunité souveraine; on lie à force de grimaces une societé estroite avec tous les gens du party, qui en choque un se les jette tous sur les bras, & ceux que l'on sçait mesme agir de bonne foy là-dessus & que chacun connoist pour estre veritablement touchez, ceux-là dis-je sont tousjours les dupes des autres, ils donnent hautement dans le panneau des grimaciers, & appuyent aveuglement les singes de leurs actions : combien crois-tu que j'en connoisse qui par ce stratageme ont rhabillé adroitement les desordres de leur jeunesse, qui se sont fait un bouclier du manteau de la religion, & sous cet habit respecté ont permission d'estre les plus mechans hommes du monde; ô qu'il est beau à sçavoir leurs intrigues & les connoistre pour ce qu'ils sont, ils ne laissent pas pour cela d'estre en credit parmy les gens, & quelque baissement de teste, un soupir mortifié & deux roulemens d'yeux rajustent dans le monde tout ce qu'ils peuvent faire; c'est sous cet abry favorable que je veux me sauver & mettre en seureté mes affaires, je ne quitteray point mes douces habitudes, mais j'auray soin de me cacher & me divertiray à petit bruit, que si je viens à estre decouvert, je verray sans me remuer prendre mes interests à toute la cabale, & je seray defendu par elle
envers

COMEDIE. 67

envers & contre tous; enfin c'est le vray moyen de faire impunement tout ce que je voudray, je m'erigeray en censeur des actions d'autruy, je jugeray mal de tout le monde & n'auray bonne opinion que de moy; dés qu'une fois on m'aura choqué tant soit peu je ne pardonneray jamais, & garderay tout doucement une haine irreconciliable; je feray le vangeur des interets du Ciel, & sous ce pretexte commode je pousseray mes ennemis, je les accuseray d'impieté, & sçauray dechainer contre eux des Zelés indiscrets qui sans connoissance de cause crieront en public aprés eux, qui les accableront d'injures, & les damneront hautement de leur authorité privée, c'est ainsy qu'il faut profiter des foiblesses des hommes, & qu'un sage esprit s'accommode aux vices de son siecle.

SGAN.

O Ciel, qu'entends je icy! il ne vous manque plus que d'estre hypocrite pour vous achever de tous points, & voyla le comble des abominations. Monsieur cette derniere-icy m'importe, & je ne puis m'empescher de parler, faites moy tout ce qu'il vous plaira, battez moy, assommez moy de coups, tuez moy si vous voulez, il faut que je decharge mon coeur, & qu'en valet fidelle je vous dise ce que je dois. Sçachez Monsieur que tant va la cruche à l'eau qu'enfin elle s'y brise, & comme dit fort bien cet autheur que je ne connois pas, que l'homme est en ce monde ainsy que l'oyseau sur la branche, la branche est attachée à l'arbre, qui s'attache à l'arbre suit de bons preceptes : les bons preceptes valent mieux que les belles paroles, les belles paroles se trouvent à la Cour, à la Cour sont les Courtisans, les Courtisans suivent la mode, la mode vient de la fantaisie, la faculté de l'ame est ce qui nous donne la vie, la vie finit par la mort, la mort nous fait penser au Ciel, le Ciel est au dessus de la terre, la terre n'est point la mer, la mer est sujette aux orages; les orages tourmentent les vaisseaux, les vaisseaux ont besoin d'un bon pilote, un bon pilote a de la pruden-

ce,

ce, la prudence n'est point dans les jeunes gens, les jeunes gens doivent obeïssance aux vieux, les vieux ayment les richesses, les richesses font les riches, les riches ne sont pas pôvres, les pôvres ont de la necessité, la necessité n'a point de loy, qui n'a point de loy vit en beste brute, & par consequent vous serez damné à tous les Diables.
D. JUAN.
O beau raisonnement!
SGAN.
Aprés cela, si ne vous rendez, tant pis pour vous.

SCENE III.
D. CARLOS, D. JUAN, SGANA.
D. CARLOS.
D. Juan je vous trouve à propos, & suis bien aise de vous parler icy plustost que chez vous, pour vous demander vos resolutions; vous sçavez que ce soin me regarde, & que je me suis en vostre presence chargé de cette affaire, pour moy je ne le cele point, je souhaitte fort que les choses aillent dans la douceur, & il n'y a rien que je ne fasse pour porter vostre esprit à vouloir prendre cette voye, & pour vous voir publiquement à ma sœur confirmer le nom de vostre femme.
D. JUAN.
Helas! je voudrois bien de tout mon cœur vous donner la satisfaction que vous souhaittez, mais le Ciel s'y oppose directement, & il a inspiré à mon ame de changer de vie, & je n'ay point d'autre pensée maintenant que de quitter entierement tous les attachemens du monde, de me depouiller a.i plustost de toutes sortes de vanités, & de corriger desormais, par une austere conduite tous les dereglemens criminels où m'a porté le feu d'une aveugle jeunesse.
D. CARLOS.
Ce dessein, D. Juan, ne choque point ce que je dis & la compagnie d'une femme legitime peut bien
s'ac-

s'accommoder avec les louables pensées que le Ciel vous imprime.

D. JUAN.
Helas, point du tout, c'est un dessein que vostre sœur elle-mesme a pris; elle a resolu sa retraite, & nous avons esté touchés tous deux en mesme temps.

D. CARLOS.
Sa retraite ne peut nous satisfaire, pouvant estre imputée au mépris que vous faites d'elle & de nostre famille, & nostre honneur demande qu'elle vive avec vous.

D. JUAN.
Je vous asseure que cela ne se peut, j'en avois pour moy toutes les envies du monde, & je me suis mesme encore aujourd'huy conseillé au Ciel pour cela; mais lorsque je l'ay consulté j'ay entendu une voix qui m'a dit que je ne devois point songer à vostre sœur, & qu'avec elle asseurement je ne serois point mon salut.

D. CARLOS.
Croyez vous, D. Juan, nous esblouir par ces belles excuses?   D. JUAN.
J'obeïs à la voix du Ciel.

D. CARLOS.
Quoy, vous voulez que je me paye d'un semblable discours?

D. JUAN.
C'est le Ciel qui le veut ainsy.

D. CARLOS.
Vous aurez fait sortir ma sœur d'un convent pour la laisser ensuite?

D. JUAN.
Le Ciel l'ordonne de la sorte.

D. CARLOS.
Nous souffrirons cette tache en nostre famille?

D. JUAN.
Prenez vous en au Ciel.

D. CARLOS.
Eh quoy, toujours le Ciel?

D. JUAN.

Le Ciel le souhaitte comme cela.

D. CARLOS.

Il suffit D. Juan, je vous entens, ce n'est pas icy que je veux venir vous prendre, & le lieu ne le souffre pas, mais avant qu'il soit peu je sçauray vous trouver.

D. JUAN.

Vous ferez ce que vous voudrez, vous sçavez que je ne manque point de cœur, & que je say me servir de mon espée quand il le faut, je m'en vay passer tout à l'heure dans cette petite ruë escartée qui mene au grand convent, mais je vous declare pour moy que ce n'est pas moy qui me veux battre; le Ciel m'en defend la pensée, & si vous m'y attaquez nous verrons ce qui en arrivera.

D. CARLOS.

Nous verrons de vray, nous verrons.

SCENE IV.

D. JUAN, SGANARELLE.

SGANA.

Monsieur, quel Diable de stile prenés vous là? cecy est bien pis que le reste, & je vous aymerois bien mieux encore comme vous estiés auparavant, j'esperois toujours de vostre salut, mais c'est maintenant que j'en desespere, & je croy que le Ciel qui vous a souffert jusques icy ne pourra du tout souffrir cette derniere horreur.

D. JUAN.

Va va, le Ciel n'est pas si exact que tu penses, & si toutes les fois que les hommes...

SGAN.

Ah Monsieur, c'est le Ciel qui vous parle, & c'est un avis qu'il vous donne.

D. JUAN.

Si le Ciel me donne un avis, il faut qu'il parle plus clairement s'il veut que je l'entende.

COMEDIE. 71

SCENE V.

D. JUAN, un SPECTRE, une femme voylée, SGANARELLE.

le SPECTRE.

D. Juan n'a plus qu'un moment à pouvoir profiter de la misericorde du Ciel, & s'il ne se repent icy sa perte est resoluë.

SGAN.

Entendez vous Monsieur.

D. JUAN.

Qui oze tenir ces paroles, je crois connoitre cette voix.

SGAN.

Ah Monsieur, c'est un spectre je le reconnois au marcher.

D. JUAN.

Spectre, phantosme, ou Diable je veux voir ce que c'est.

SGAN.

O Ciel! voyez, Monsieur, ce changement de figure.

D. JUAN.

Non, non, rien n'est capable de m'imprimer de la terreur, & je veux esprouver avec mon espée si c'est un corps ou un esprit.

SGAN.

Ah Monsieur, rendés vous à tant de preuves & jettez vous viste dans le repentir.

D. JUAN.

Non, non, il ne sera pas dit que quoy qu'il arrive je sois capable de me repentir allons suis moy.

SCE-

SCENE VI.
LA STATUE, D. JUAN, SGAN.

LA STATUE.

ARrestez D. Juan, vous m'avéz hier donné parole de venir manger avec moy.

D. JUAN.

Ouy, où faut il aller ?

LA STATUE.

Donnés moy la main.

D. JUAN.

La voyla.

LA STATUE.

D. Juan l'endurcissement au peché traîné une mort funeste, & les graces du Ciel que l'on renvoye ouvrent un chemin à la foudre.

D. JUAN.

O Ciel que sens-je ? un feu invisible me brusle, je n'en puis plus & tout mon corps devient...

SGAN.

Ah mes gages ! mes gages ! voyla par sa mort un chacun satisfait, Ciel offencé, loix violées, filles seduites, familles deshonorées, parens outragés, femmes mises à mal, maris poussés à bout, tout le monde est content, il n'y a que moy seul de malheureux, mes gages, mes gages, mes gages !

FIN.

www.ingramcontent.com/pod-product-compliance
Lightning Source LLC
LaVergne TN
LVHW021005090426
835512LV00009B/2092